Johannes Facius

Gottes Gnade ist größer

Verlag Gottfried Bernard
Solingen

Titel der Originalausgabe: God can do it –
without me!
by Johannes Facius

© Johannes Facius
Published by Sovereign World Ltd.

© der deutschen Ausgabe 1992
Verlag Gottfried Bernard
Spitzwegstr. 8
5650 Solingen 19

Übersetzung: Andrea Gleiß
Satz: CONVERTEX, Aachen
Grafik: image design, A. Fietz, Landsberg
Druck: Druckhaus Gummersbach

ISBN 3-925968-52-0

INHALT

Vorwort 4

Kapitel 1 In Moskau niedergeschossen 6

Kapitel 2 Durchs Feuer 18

Kapitel 3 Es wird dunkler 29

Kapitel 4 Das Tal des Todesschattens 39

Kapitel 5 Der Tag, an dem ich „starb" 44

Kapitel 6 Die Heiligen sind die Herrlichen 62

Kapitel 7 Fünf Uhr morgens 80

Kapitel 8 Ein zerbrochener Geist 88

Kapitel 9 Laß Gott Gott sein 96

Kapitel 10 Stärke deine Brüder 104

Kapitel 11 Wieder jung wie ein Adler 112

Kapitel 12 Eine Bewegung der Gnade 119

VORWORT

Ich kenne Johannes Facius gut, seit mehr als 30 Jahren, und ich bin Zeuge der Geschichte, die er auf diesen Seiten beschreibt. Auch wenn es mir eine besondere Freude bedeutet, dieses Vorwort zu verfassen, braucht das Buch eigentlich keine Einleitung. Es ist der sehr bewegende Bericht eines Mannes, der wahrhaftig aus Gott geboren war, der eine echte Erfahrung mit dem Heiligen Geist gemacht hatte, der dem Herrn Jesus und Seinem Dienst vollkommen hingegeben war und trotzdem in eine Feuerprüfung seines Glaubens hineingeführt wurde. Unter keinen Umständen hätte ich Johannes jemals als „oberflächlich" beschrieben. Es war, als hätte Satan selbst ihn im Griff gehabt, als wäre er es gewesen, der ihn folterte und anklagte.

Manchmal kam es einigen von uns so vor, als wäre nichts mehr übriggeblieben – weder Glaube noch Freude, weder Kraft noch Autorität, kaum noch Leben und ganz gewiß keine Freude mehr! Aber von dem Moment an, wo die Prüfung dieses Knechtes Gottes begann, wußte ich durch den Heiligen Geist, daß der Herr ihn einen besonderen Weg führte, einen Weg, auf dem nur wenige gehen können und den nur wenige verstehen. Als Johannes am Ende aus allem hervorging, besaß er ein Zeugnis über die Gnade und Treue Gottes und eine Herzenserkenntnis des Herrn, die ihm durch nichts im ganzen Universum jemals wieder genommen werden kann.

Ich denke, daß wir aus dieser Geschichte drei wichtige Lektionen lernen können.

Erstens: Der Herr weiß, was in uns von Ihm ist. Darum prüft Er nur das in uns, was sich bei der Prüfung auch als von Ihm selbst herausstellen wird. Wenn nur die entfernteste Möglichkeit besteht, daß Sein Werk in uns zerstört wird, dann wird Er es nicht prüfen. Durch die Prüfung unseres Glaubens soll uns dieser bei der Offenbarung Jesu Christi zu Lob, Preis und Ehre gereichen

(1. Petr. 1,7). Bei der Prüfung wird das, was wertlos ist, zerstört, und das, was ewig ist, geläutert und bewahrt.

Zweitens: Wenn der Herr ein Gefäß vorbereitet, das entweder hier in dieser Zeit oder in der Ewigkeit oder in beidem zu einer besonderen Aufgabe auserwählt ist, dann unterzieht Er dieses Gefäß einem ungewöhnlichen und besonderen Prozeß. Letztlich geht es Gott um ewigen Charakter.

Drittens: Manchmal macht der Herr einen Seiner Knechte zu einem „prophetischen Zeichen" für Sein Volk. Ich glaube, daß Johannes zu einem solchen Zeichen gemacht worden ist. Wenn wir nicht durch den Geist Gottes lernen, tief zu graben und unser Leben auf den festen Felsen der Person und des Werkes des Herrn Jesus zu bauen, werden wir niemals fähig sein, in den Erschütterungen und Stürmen der letzten Zeit der Weltgeschichte fest zu stehen. Zeiten ungeheuerer Prüfungen, auch dämonischer Art, werden über das Angesicht der Erde kommen. Dann wird unser selbstgemachtes Christentum, unser Kopfwissen über den Herrn aus zweiter Hand zusammenbrechen, ebenso jeder Glaube, der nicht in Gott selbst verankert ist, sondern in subjektiven Gefühlen, in dem äußerlichen Putz christlicher Werke und christlichen Zeugnisses, in der stark geladenen Atmosphäre großer Versammlungen. Wir müssen achtgeben und zulassen, daß der Herr jetzt an uns wirkt und uns so auf die Verantwortung und die Aufgaben vorbereitet, die vor uns liegen. Der Herr hat kein Interesse daran, daß wir zerstört werden oder versagen, Er möchte, daß wir bewahrt werden und überwinden. Um dieses Ziel zu erreichen, läßt Er manchmal sogar zu, daß Satan in uns die Spreu vom Weizen trennt. Sein Ziel ist es, daß unser Geist, unsere Seele und unser Leib unversehrt bewahrt bleiben und untadelig sind bei der Ankunft unseres Herrn Jesus Christus (1. Thess. 5,23).

Lance Lambert

Kapitel 1

IN MOSKAU NIEDERGESCHOSSEN

In Moskau fing alles an. Oder ich sollte besser sagen, in Moskau gipfelte alles. Zusammen mit anderen internationalen Gebetsleitern hatte ich ein Team von Fürbittern aus verschiedenen Ländern in die Hauptstadt der Sowjetunion gebracht. Unsere Aufgabe bestand darin, einen geistlichen Kampf gegen den „geistlichen Pharao" zu führen, der die Sowjetjuden daran hinderte, in das Verheißene Land zurückzukehren. Diese Gebetsaktion war das Ergebnis mehrerer Gebetskonferenzen in Israel und anderswo, die sich mit dem wichtigen Thema befaßten, daß die sowjetischen Juden von den kommunistischen Machthabern gefangen gehalten wurden. Schon seit langem hatten wir den Eindruck, daß das eigentliche Hindernis keine irdische atheistische Macht war, sondern eine der stärksten dämonischen Mächte aller Zeiten: der des Antisemitismus.

Unser Besuch in Moskau fand über Neujahr 1985/86 statt, lange vor dem Zusammenbruch der kommunistischen Macht. Herr Gorbatschow war erst seit kurzem an der Macht, und noch hatten PERESTROIKA und GLASNOST keine wesentliche Änderung bewirkt. Wir litten immer noch unter der alten dunklen Wolke des Leninismus. Keiner von uns im Team dachte daran, daß nur ein Jahr später eine neue Revolution stattfinden und die Landkarte Mitteleuropas verändern würde. Während wir unseren Jericho-Marsch um die Kremlmauer machten und für den Sturz der bösen Mächte beteten, die die Juden in Knechtschaft hielten, hätten wir uns nicht vorstellen können, daß nur wenige Jahre später Juden in so großer Zahl die Sowjetunion verlassen und nach Israel zurückkehren würden, daß die Nation Israel kaum damit fertig wird. Es besteht kein Zweifel daran, daß der Herr über alles hinaus, was wir nur bitten oder denken konnten, die Gebete erhört hat. Ich schreibe dies nicht unserem kleinen Team zu. Wir wissen daß Hunderttausende von Kindern

6

Gottes im Laufe der letzten 40 Jahre dafür gebetet haben. Wir wissen auch, daß im Laufe der Jahre viele andere Gebetsteams nach Moskau gefahren sind und dort an Ort und Stelle für den Sturz des Kommunismus gebetet haben. Wir waren nur eine von vielen solcher Gruppen.

Selbst heute, nachdem alles geschehen ist, fällt es noch schwer, es zu glauben. Viele von uns waren wie jene Christen in der ersten Gemeinde, die für den Apostel Petrus beteten, der im Gefängnis in Jerusalem saß. Als der Engel ihn aus dem Gefängnis befreite und er zu dem Haus ging, wo seine Freunde waren und „wo viele beieinander waren und (für ihn) beteten", wollten sie nicht glauben, daß tatsächlich Petrus vor der Tür stand. Sie dachten, es wäre sein Geist. Wieviel Unglaube findet sich selbst unter uns Fürbittern!

Die Mission, zu deren Erfüllung wir in Moskau waren, schloß verschiedene Arten des Gebets ein, auch geistlichen Kampf. Unter anderem sollten wir zum Hauptbüro des Zentralkomitees der Kommunistischen Partei gehen, wo auch Herr Gorbatschow sein Büro hatte, und ihn im Geiste wissen lassen, daß er nicht der neue Herrscher der Sowjetunion war. Diese Stellung gehörte dem Herrn Jesus Christus, und wenn er (Herr Gorbatchow) nicht Gottes Pläne für die Sowjetjuden, die Christen und auch das russische Volk unterstützen würde, so würde er bald seiner Stellung enthoben sein.

Eine andere Aktion bestand darin, und in meinen Augen war es die wichtigste, durch das Lenin-Mausoleum zu gehen und das Gericht über den „Gott des sowjetischen Systems" auszusprechen – einem Götzen mit Namen Wladimir Lenin, dem Gründer des kommunistischen Staates. Es wurde immer behauptet, das sowjetische System sei nicht religiös, es handle sich um eine rein atheistische Gesellschaft. Doch wie falsch war diese Behauptung. Auf meinen Reisen durch die Sowjetunion fiel es mir nicht schwer zu erkennen, daß das sowjetische System eines der religiösesten Systeme war, das es je gegeben hat. Die Sowjets haben nicht unseren Gott und Vater angebetet, den Schöpfer des Universums, sondern ihren eigenen Gott und Vater – Lenin! Überall in der Sowjetunion findet man riesige Statuen von

Lenin. Jede Schulklasse muß einmal im Jahr zu einer Statue von Lenin gehen, um dadurch ihren Respekt zu zeigen und den Vater der Nation zu verehren. Außerdem findet man in jeder Stadt riesige Denkmäler für die Helden der Roten Armee und ihre siegreichen Kämpfe in „dem großen Vaterlandskrieg" (2. Weltkrieg). Wenn man bedenkt, daß außerdem Millionen von Menschen jährlich an den sterblichen Überresten von Lenin im Lenin-Mausoleum am Roten Platz vorbeigehen, kommt man zu der Schlußfolgerung, daß die Sowjets einen Geist des Todes anbeten.

Bevor wir in das Lenin-Mausoleum gingen, suchten wir im Gebet den Herrn, um zu wissen, was wir tun sollten. Es bestand natürlich nicht die Möglichkeit, im Mausoleum eine normale Gebetsversammlung abzuhalten. Man darf nicht einmal stehen bleiben, sondern muß der langen Menschenschlange folgen. Außerdem sind überall im Mausoleum Wächter postiert, die wie Raubvögel über den Besuchern wachen. Wir wußten, daß wir nur wenige Minuten Zeit hatten, darum war es wichtig, die Zeit richtig zu nutzen und solche Gebet zu sprechen, die dem Geist des Todes widerstehen und ihn zerstören konnten.

Während der Gebetszeit empfing ich ein Wort, das zu unserer Munition gegen den Feind wurde. Jesus sprach es zu dem Feigenbaum, der keine Früchte trug: „Nimmermehr komme Frucht von dir in Ewigkeit" (Mt. 21,19). Auf diese vollmächtigen Worte hin verdorrte und starb der Baum. Daraus leiteten wir ab, daß wir alle, während wir durch das Mausoleum gingen, die folgende Proklamation wiederholen sollten: „Du Geist des Todes, wir verfluchen dich im Namen des Herrn Jesus. Niemand soll jemals wieder Frucht von dir essen!" Es war nicht möglich, diese Worte laut auszusprechen, wir mußten sie flüstern, immer wieder, bis wir am anderen Ende des Leningrabes wieder hinauskamen.

Gegenangriff

Ich glaube, daß wir das Richtige taten und unsere Weisungen wirklich vom Herrn kamen. Ich glaube auch, daß ich mir wahrscheinlich nicht voll im Klaren darüber war, was wir tatsächlich taten: Wir griffen eine der stärksten dämonischen Mächte in der Welt an, ohne daran zu denken, daß ein solcher Vorstoß gegen die Pforten der Hölle die Mächte der Finsternis dazu bringen würde, einen Gegenangriff zu starten.

Durch diesen Vorstoß gegen den Feind wurde ich mit einer der seltsamsten Krankheiten geschlagen, die ich je erlebt habe. Als ich am nächsten Morgen aufwachte, fühlte ich, daß mich alle Kraft verlassen hatte. Ich war so schwach, daß ich nicht aufstehen konnte. Ein seltsamer Geist der äußersten Schwachheit und des Unwohlseins hatte mich ergriffen. Ich hatte keinen Appetit, bekam Fieber und spürte, wie mein ganzer Körper gelähmt war. Zu jenem Zeitpunkt dachte ich, daß ich Grippe oder etwas Ähnliches bekommen hätte. Etwas anderes kam mir nicht in den Sinn. Doch später ging mir immer mehr auf, daß etwas von jenem Geist des Todes, dem wir im Lenin-Mausoleum widerstanden hatten, in der Lage gewesen war, einen Gegenangriff auf mich zu starten. Als man drei Monate später herausfand, daß ich eine Herzerkrankung hatte, fragten mich die Ärzte als erstes: „Haben Sie irgendwann im Laufe der letzten Wochen oder Monate eine Viruserkrankung gehabt?" Da sie keinerlei körperliche Ursache für meine Herzrhythmusstörung finden konnten, erklärten sie mir, diese Art Krankheit würde manchmal auch von einer Grippe oder einem Virus ausgelöst. Ich weiß, daß das, was mich in Moskau traf, wie ein Virus aussah, aber kein Virus war. Es war ein dämonischer Gegenangriff. Nie zuvor in meinem ganzen Leben und auch nie wieder seitdem habe ich mich so krank gefühlt. Das Merkwürdige war jedoch, daß diese Krankheit nur einen Tag anhielt, was ohne Zweifel auf die vollmächtige Fürbitte meiner Brüder im Team zurückzuführen war. Wir hatten schon vorher eine Gebetskette gebildet. Rund um die Uhr hatte jeder eine gewisse Zeit übernommen, weil uns bewußt war, daß wir aufgrund der Natur unserer Mission allen nur erdenklichen Schutz brauchten. Jetzt wurden die Gebete der Brüder für mich noch inständiger. Gegen Mitternacht desselben Tages, als wir planten, am Ufer des Flusses Moskwa eine besondere Abendmahlsfeier zu halten, war ich wieder auf den Beinen.

Einige der Brüder sagten, sie hätten noch nie erlebt, daß jemand, der so krank war, so schnell wieder auf die Beine kam. Heute weiß ich, daß sich Krankheiten, die durch dämonische Angriffe verursacht werden, unter anderem dadurch auszeichnen, daß sie genauso schnell wieder verschwinden, wie sie gekommen sind! Dies ist ein weiterer Beweis dafür, daß ich unter dämonischem Einfluß stand. Später, als ich nach fast drei Jahren schwerer Depressionen befreit wurde, geschah die Befreiung in weniger als 30 Sekunden.

Den Feind erkennen

Durch jene seltsame Erfahrung und durch das, was danach geschah, habe ich einige wichtige Dinge über den geistlichen Kampf gelernt.

Es ist weise und ratsam, unseren Feind niemals zu unterschätzen. Heute kann man Christen begegnen und sogar Dienern des Wortes Gottes, die offensichtlich in die Falle geraten sind, sich über den Teufel lustig zu machen. Irgendwie denken sie, daß das vollendete Werk des Herrn Jesus, der Satan am Kreuz vollkommen besiegte, uns die Freiheit gibt, mit dem Feind umzuspringen, wie es uns gerade paßt. Dies ist eine gefährliche und falsche Vorstellung, und außerdem steht sie vollkommen im Gegensatz zur Bibel! Hat nicht der Apostel Judas davor gewarnt? In seinem Brief warnt er uns deutlich davor, hohe Mächte und Gewalten zu schmähen (V.8-9). Er erinnert uns an den Erzengel Michael, der mit dem Teufel um den Leib des Mose stritt und nicht wagte, sich über ihn zu erheben und ein Urteil über ihn auszusprechen, sondern er sagte: „Der Herr schelte dich!" Wie können wir auch nur einen Moment lang denken, wir wären mächtiger als der Erzengel Michael? Wieviel Torheit gibt es im Leib Christi im Blick auf diese Sache!

Vor einiger Zeit, als ich zu Besuch in den Vereinigten Staaten war, schaltete ich eines Sonntagmorgens den Fernseher an, um mir eines der vielen christlichen Programme anzusehen. Ein ziemlich bekannter Fernsehevangelist versuchte seiner Gemeinde deutlich zu machen, wie sie mit dem Teufel umgehen sollten.

Als Illustration tat er so, als würde er Hunde abrichten. Er behandelte den Teufel wie einen Hund und gab ihm mit den entsprechenden Befehlen Anweisungen. Während ich diesem erschreckenden Schauspiel von kindischem und törichtem Verhalten zusah, sagte ich zu meiner Frau: „Wenn dieser Bruder nicht von seiner Dummheit umkehrt, wird er schon bald in Schwierigkeiten geraten." Später erfuhr ich, daß er tatsächlich umgekehrt war und seine Haltung geändert hatte. Gelobt sei der Herr!

Als ich Soldat war, lernte ich, daß ein guter Soldat niemals den Feind unterschätzt, sondern immer großen Respekt vor seinem Gegner hat. Ein Soldat, der damit prahlt, daß er vor nichts und niemand Angst hat, wird nicht nur schließlich selbst getötet werden, sondern bringt auch die ganze Armee in Gefahr. Heutzutage wird die Behauptung laut, daß der Sieg des Herrn Jesus, wenn wir ihn auf die Situation in der Welt anwenden, als eine BLANKOVOLLMACHT verstanden werden kann, die uns ermöglicht, jeder Zeit den Feind anzugreifen. Diese Sicht ist unreif und weder in Übereinstimmung mit dem Wort Gottes noch mit den Realitäten dieses Lebens. Sie führt zu Illusionen und geistlicher Irreführung und verursacht viel Leiden und Schmerz unter denen, die nicht fest genug in Christus verwurzelt sind.

Einige wollen sich vielleicht rechtfertigen und sagen: „Es war nicht meine Absicht, daß du durch den geistlichen Kampf körperlichen Angriffen ausgesetzt warst!" Dies mag sein, doch der Feind hat noch andere Mittel. Wenn man nicht aufpaßt, kann man auch dazu verführt werden, sich zu isolieren, eine bestimmte Wahrheit übermäßig zu betonen oder in glatten Irrtum zu geraten. Oder man wird, ohne es zu wissen, stolz auf die eigenen Errungenschaften. Der Feind ist sehr raffiniert und hat viele Wege, um uns in die Falle zu locken. Es schadet nichts, ein wenig Angst zu haben. Ich spreche nicht von einer Angst, die uns bei unserem Kampf gegen den Feind lähmt. Ich spreche nur von Vorsicht, die uns wachsam sein läßt.

Wie würden Sie reagieren, wenn Sie in der Kirche säßen und plötzlich ein großer afrikanischer Löwe hereinkäme? Ich bin sicher, daß an diesem Tag keiner einschlafen würde. Wir Gläubige haben es uns angewöhnt, manchmal in der Gegenwart des Herrn zu schlafen. Doch wenn wir erkennen würden, daß auch der Teufel unter uns anwesend ist und umhergeht wie ein brüllender Löwe, der sucht, wen er verschlingen kann, dann würden wir nicht mehr so leicht einschlafen.

Vor einigen Jahren besuchte ich den schönen Krüger Nationalpark in Südafrika. Während wir mit dem Auto hindurchfuhren, entdeckten wir ein paar Löwenjunge, die im Straßengraben spielten. Weil ich mit der Kamera gern ein paar gute Fotos von diesen süßen kleinen Löwen machen wollte, faßte ich nach dem Türgriff und wollte aussteigen. Doch mein Freund packte mich schnell am Arm und zog mich zurück. Er warnte mich, daß die Löwin, die nicht weit entfernt hinter den Bäumen war, sofort auftauchen würde, wenn sich jemand ihren Jungen näherte. Meine Dummheit hätte dazu führen können, daß ich zu Löwenfutter geworden wäre und auch die anderen in Gefahr gebracht hätte. Ich war nur innerhalb unseres Landrovers in Sicherheit. Entsprechend sind auch wir nur dann in Sicherheit, wenn wir in Christus bleiben und niemals ein so großes Vertrauen auf uns selbst haben, daß wir Ihn verlassen und dem Feind in eigener Kraft entgegentreten.

Wir müssen auch folgende Tatsache begreifen: Wenn wir die Mächte der Finsternis angreifen, dann werden sie zurückschlagen. Dies sollte uns in keiner Weise davon abhalten, im Kampf vorwärtszugehen, aber es sollte uns vielleicht darauf vorbereiten, daß auch hier, wie in jedem Krieg, die Möglichkeit besteht, geschlagen und verwundet zu werden. Es gibt keinen Krieg ohne Opfer. Unsere Aufgabe besteht darin, die Risiken abzuwägen und alles zu tun, um die Verluste gering zu halten. Was dies betrifft, bewundere ich die Haltung der israelischen Armee: weil sie eine hohe Achtung vor dem menschlichen Leben haben, führen sie ihre Kriege so, daß nur wenig Männer aus ihren eigenen Reihen umkommen. Wenn wir uns am Kampf für das Reich Gottes beteiligen wollen, müssen wir einen Preis zahlen. Wenn wir denken, wir würden nie verletzt, wir würden nie beschossen und nie von irgendjemandem gestört oder verfolgt, dann sind wir untauglich für die Armee des Herrn und werden am Ende nur äußerst frustriert und enttäuscht sein.

Ich habe es nie bedauert, in die Armee des Herrn eingetreten zu sein. Und ich werde den Dienst nicht quittieren, obwohl ich durch drei Jahre der Schmerzen gegangen bin, die fast mein eigenes Leben und das Leben meiner lieben Familie gekostet hätten. Mein Beweggrund, dieses Buch zu schreiben, besteht nicht darin, daß ich irgendjemanden von der Teilnahme am Kampf entmutigen will. Ich glaube, daß wir in diesen Kampf berufen sind. Ich möchte vielmehr von meinen Erfahrungen erzählen, damit wir alle zu besseren Soldaten werden und in der rechten Weise kämpfen, nach den biblischen Regeln und mit Hilfe der geistlichen Waffen. Ich mache mir keine Illusionen und weiß, daß wir dabei in Schwierigkeiten geraten können. Ich bin nicht einer Meinung mit denen, die lehren, daß wir durch unsere Wiedergeburt völlig sicher sind und gegen alle Schliche des Teufels geschützt und daß wir folglich mit dem Teufel umgehen können, wie wir wollen, ohne mit Problemen rechnen zu müssen. Wir müssen einen Preis zahlen, zum Teil wegen der Fehler, die wir im Kampf machen, und zum Teil einfach nur, weil wir im Kampf stehen und den Mächten der Finsternis ausgesetzt sind. Laßt uns den Entschluß fassen, Soldaten zu sein. Jeder Soldat ist darauf vorbereitet zu leiden und, wenn es sein muß, sogar sein Leben zu lassen.

Schützende Deckung

Warum wurde ich in Moskau niedergestreckt? Darauf kann es nur eine Antwort geben: Ich war nicht in der Weise geschützt, wie ich es hätte sein sollen. Ich könnte auch sagen, daß ich mir damals der Wichtigkeit des Schutzes nicht genügend bewußt war und daß ich daher einige entscheidende Lektionen lernen mußte.

Bei dieser Frage des Schutzes gibt es vor allem drei Aspekte, auf die wir unsere Aufmerksamkeit richten sollten. Erstens das, was ich den umfassenden Schutz nennen würde: in Christus zu bleiben! Unsere Sicherheit kommt vom Herrn, und es reicht nicht aus, bestimmte Vorgehensweisen aus der Bibel zu lernen. Wir müssen verstehen, was es bedeutet, nahe beim Herrn zu bleiben, in Christus zu bleiben. Das zu erklären, ist sehr einfach.

Jesus sagte, daß wir dann, wenn wir in Ihm bleiben und wenn Seine Worte in uns bleiben, bitten können was wir wollen, und es wird uns zuteil werden (Joh. 15,7). Das bedeutet einfach, daß wir in ungebrochener, enger Gemeinschaft mit dem Herrn bleiben sollen. Es bedeutet, Seine Stimme zu hören, Sein Wort zu empfangen, Ihm zu gehorchen und mit Ihm im Gebet zu sprechen. Wenn diese kostbare, unaufhörliche Gemeinschaft mit dem Herrn in irgendeiner Weise unterbrochen wird, verlieren wir unseren Schutz.

Genau das habe ich erlebt. Aufgrund zu großer Geschäftigkeit – Arbeit in Sachen des Herrn – kam ich an den Punkt, wo meine Abhängigkeit vom Herrn im Wort und im Gebet immer schwächer wurde. Nach vielen Jahren der Erfahrung auf dem gesamten Gebiet des Gebets und der Fürbitte fing ich an, mich auf meine große Routine zu verlassen. Die Gabe und die Salbung waren da, darum achtete ich nicht mehr darauf, in der richtigen Haltung zu bleiben Ich trachtete nicht mehr „mit Furcht und Zittern" nach Heil, wodurch uns unsere eigene Schwachheit bewußt bleibt und die Tatsache, daß wir täglich die Gnade des Herrn brauchen. Hat der Herr nicht zu Seinen Jüngern im Garten Getsemane gesagt: „Wacht und betet, damit ihr nicht in Versuchung kommt; der Geist zwar ist willig, das Fleisch aber schwach" (Mt. 26,41).

Wir werden niemals so klug, so erfahren und so geistlich reif sein, daß wir es nicht mehr nötig haben, nahe beim Herrn zu bleiben. Im Gegenteil, wenn sich die Dinge in unserem Leben so entwickeln, wie es sein sollte, dann werden wir, je länger wir leben und je besser wir Ihn kennenlernen, immer abhängiger vom Herrn. Es gibt Christen, die uns sagen, daß wir, die wir die Kraft des Heiligen Geistes und Seine Salbung empfangen haben, nicht mehr bitten, beten oder den Herrn fragen müssen. Doch diese Christen haben einen schrecklichen Fehler begangen und fügen nicht nur sich selbst damit viel Schaden zu, sondern auch dem ganzen Leib Christi. Weil ich in diesem Bereich lässig geworden war, wurde mein natürlicher Mensch empfänglich für die Angriffe des Feindes.

Als junger Christ wurde mir beigebracht, daß es wichtig ist, zwischen dem Geist und dem natürlichen Menschen zu unterscheiden, und daß dies nur durch enge Gemeinschaft mit dem Herrn möglich ist. Ich wurde auch gelehrt, daß wir die Werke des natürlichen Menschen fürchten müssen, weil dieser mit dem Feind unserer Seele verbündet ist. Wenn man sich dem menschlichen Eigenwillen öffnet, bedeutet dies automatisch eine Öffnung gegenüber den Mächten der Finsternis.

Mir ist durchaus bewußt, welche Gefahr eine Überbetonung dieser Wahrheit in sich birgt. Jede Art von Furcht kann uns lähmen. Wir können uns so sehr vor unserem natürlichen Wesen fürchten, daß wir nicht mehr wagen, uns zu bewegen. Dahin soll es nicht kommen. Auf der anderen Seite können wir nicht leugnen, daß wir ständig in Gefahr stehen, von unserem Eigenwillen beeinflußt zu werden. Wir müssen uns vor Augen halten, daß wir nur durch ein beständiges Wandeln im Heiligen Geist die Werke des sündigen Menschen töten können. Von dieser Wahrheit sind wir heutzutage abgewichen, und dies ist einer der Gründe dafür, warum es uns in der charismatischen Bewegung so schlecht geht. Wir müssen uns wie nie zuvor dem Wort Gottes und dem Gebet widmen, und wir müssen den Leib Jesu lehren, in allem, was wir tun, absolut abhängig vom Herrn zu sein. Sonst geben wir unserem selbstsüchtigen Wesen Raum, und der natürliche Mensch wird uns in die Irre führen, nicht nur durch seine schlechten Aspekte, sondern auch durch seine guten Werke. Alles, was wir außerhalb der engen Gemeinschaft mit dem Herrn und außerhalb der Abhängigkeit von Ihm tun, ist menschliches Werk, und es wird auch nie zu etwas anderem werden. Das persönliche „Wachen und Beten" kann niemals durch irgendeine charismatische Gabe oder Salbung ersetzt werden.

Ein zweiter Aspekt des Schutzes ist das Leben im Licht. Dies bedeutet, Gedanken oder Taten, die dem Herrn nicht gefallen, keinen Raum zu geben. Solange wir alles, was sich in unsere Gedanken hineinschleicht, in rechter Weise handhaben, sind wir mit dem Blut Jesu, des Lammes Gottes, bedeckt. Wir brauchen keine besondere Zeremonie abzuhalten oder eine Formel zu sprechen, damit das Blut des Lammes uns schützt. Wir müssen nur darauf achten, daß wir unsere Sünden in rechter Weise bekannt und durch den Glauben Seine Vergebung angenommen haben. Christen überall auf der Welt haben eine falsche Vorstellung von der Kraft des Blutes. Manche glauben, sie müßten einem bestimmten Vorgehen folgen, damit das Blut sie schützt. Sollten wir statt all dieser Dinge – von denen viele an Magie oder okkulte Praktiken grenzen – nicht wieder den guten alten Weg gehen? Uns vor Gott und Menschen demütigen, unsere Sünden bekennen und Vergebung annehmen? Wenn ich mein Herz und meine Gedanken von allem rein gehalten hätte, was dem Herrn nicht gefällt, dann hätte der Feind kein Anrecht in meiner Seele gefunden und hätte mich nicht in Depression und Leiden ziehen können.

Aber selbst das reicht noch nicht aus. Wir brauchen zusätzlich noch den Schutz von anderen Christen. Paulus schreibt an seine Brüder und Schwestern in Rom:

„Ich ermahne euch aber, Brüder, durch unseren Herrn Jesus Christus und durch die Liebe des Geistes, mit mir zu kämpfen in den Gebeten für mich zu Gott, damit ich von den Ungehorsamen in Judäa errettet werde und mein Dienst für Jerusalem den Heiligen angenehm sei" (Röm. 15,30-31).

Paulus war ein Bettler. Er bettelte nicht um Geld – daraus könnten wir heute viel lernen –, sondern um Schutz durch die Gebete der Gläubigen. Ich muß zugeben, daß ich nie sehr gut darin war, um Geld zu bitten. Ich habe nicht den Eindruck, daß der Herr mir die Freiheit dazu gibt. Manche haben mir gesagt, daß diese Haltung der Grund dafür wäre, warum sich mein Dienst nicht im „weltweiten" Stil entwickelt. Nun, dies ist mir nicht wichtig, und nebenbei gesagt, glaube ich nicht, daß es dem Herrn Ehre bringt, wenn man um materielle Dinge bettelt. Für mich zeigt sich darin ein echter Mangel an Glauben, und ich bin erstaunt zu sehen, daß die, die behaupten, sie hätten den größten

Glauben, oft am meisten betteln. Wenn sie wirklich den großen Glauben hätten, wie sie behaupten, warum können sie dann nicht Gott vertrauen, daß Er sie versorgt? Ich kann hier einfach kein „Licht" sehen. Oh, wieviel Unechtheit gibt es heute in der christlichen Welt!

Doch in einem anderen Bereich möchte ich sehr gern ein Bettler werden: ich möchte um die Gebete der Heiligen bitten, damit ich von allen Schlichen des Feindes befreit werde! Dies ist ein Gebiet, wo ich im Blick auf mich selbst und meine Familie versagt habe. Ich glaubte wohl, daß dies nicht nötig sei, vielleicht dachte ich auch, daß die Gebete der Heiligen für andere, wichtigere Sachen genutzt werden sollten. Wir Gläubigen sind oft entweder zu stolz oder zu demütig.

Einer der Gründe dafür, warum ich mich entschloß, nach meiner Heilung und Wiederherstellung einen regelmäßigen Rundbrief zu versenden, lag darin, dem Mangel an Schutz durch Gebet abzuhelfen. Wir brauchen heute im Leib Christi das gegenseitige Gebet, und wir müssen für jede einzelne Aktion, die wir in Zukunft unternehmen, Gebetspartner mobilisieren. Ich bin zu der Überzeugung gekommen, daß ich allein nichts vermag. Allein hat der Feind ein leichtes Spiel mit mir. Ich muß mit dem Leib Jesu verbunden und durch seine Liebe und Unterstützung geschützt sein. Ich glaube denen nicht, die sagen, jeder Gläubige hätte in sich selbst ständig unbegrenzte Kraft und Vollmacht über den Bösen und könne den Teufel herumscheuchen, wie es ihm gerade richtig erschiene. Dies ist nicht wahr. Dies ist nicht Gottes Wort. Meine eigene Geschichte zeigt, daß ein solches unabhängiges Vertrauen auf die eigene Stellung zu ernsthaften Schwierigkeiten führt. Wir brauchen den Schutz der Brüder, und was mich betrifft, so habe ich mich der Gruppe der geistlichen Gebetsbettler im Leib Christi angeschlossen.

Kapitel 2

DURCHS FEUER

Haben Sie jemals gemerkt, wie stark sich die geistliche Atmosphäre in einzelnen Nationen unterscheidet? Wenn man viel reist, so wie ich es tue, dann ist man oft erstaunt, wie sich die geistliche Atmosphäre in dem Moment ändert, wo man eine Landesgrenze überschreitet. Kurz nach meinem Aufenthalt in Moskau reise ich mit meiner Frau nach Südafrika, zu einer Zeit, wo die Rassenspannungen einen Höhepunkt erreicht hatten. Man konnte dies deutlich spüren. In mir wächst die Überzeugung, daß der Geist einer Nation nicht von politischen, sozialen oder kulturellen Komponenten, ja nicht einmal von Rassenfragen bestimmt wird, sondern von unsichtbaren Mächten der Finsternis, die ihr Äußerstes tun, um menschliches Leben zu zerstören. Kein Wunder, daß der Apostel Paulus die Tatsache unterstreicht, daß „unser Kampf nicht gegen Fleisch und Blut (ist), sondern gegen die Gewalten, gegen die Mächte, gegen die Weltbeherrscher dieser Finsternis, gegen die Geister der Bosheit in der Himmelswelt" (Eph. 6,12).

Vor Jahren, wenn ich zu Besuch nach Deutschland kam (inzwischen wohne ich mit meiner Frau in Deutschland), fühlte ich oft einen Druck auf mir lasten, und ich war niedergeschlagen von einer seltsamen Atmosphäre der Unterdrückung, die mit der finsteren Geschichte dieser Nation zusammenhing. Doch dies hat sich geändert. Heute fällt es mir sogar leichter, in Deutschland zu leben als in meinem eigenen Heimatland Dänemark, wo das moralische Klima Jahr um Jahr schlechter wird. Der Grund für die Veränderung in Deutschland liegt für mich auf der Hand. Eine große Anzahl deutscher Christen sind als Fürbitter für die Vergangenheit ihres Landes eingetreten. Über viele Jahre hinweg ist für den ganzen Bereich des Holocausts immer wieder Buße getan worden, vielleicht sogar zu oft. Doch der Herr hat diesen Schritt Seines Volkes geehrt, und ich kann nur sagen, daß ich heute Deutschland als eine der hellsten Nationen in der Welt empfinde.

„Sei still"

Als wir in Südafrika dienten, fühlte ich den Druck stärker als auf allen bisherigen Aufenthalten. Dies lag zum Teil auch an einem Faktor in meinem eigenen Leben, der zu meinem endgültigen Zusammenbruch führte: Ich war erschöpft und „ausgebrannt", ein Syndrom, daß sich bei so vielen Knechten des Herrn in den letzten Jahren gezeigt hat. Zu jener Zeit hatte ich in „nur" sieben verschiedenen Organisationen eine verantwortliche Leitungsposition inne. Auch wenn einige dieser Positionen nicht viel tatsächliche Arbeit erforderten, kostete mich allein schon das Gefühl, verantwortlich zu sein, zum Teil viel mehr Kraft als mehrere Tage Arbeit. Wenn irgendetwas falsch lief, stand ich unter großer Anspannung und fühlte mich sogar schuldig. Ich hätte voraussehen können, wohin dies alles führen würde, oder besser noch, ich hätte auf die Stimme des Herrn hören sollen. Doch es ist traurig aber wahr, daß ich mich nicht mehr in Hörweite des Heiligen Geistes befand. Ich arbeitete so viel für den Herrn, daß ich keine Zeit mehr hatte, mit dem Herrn Gemeinschaft zu pflegen. Wenn jemand, der eine weltweite Gebetsbewegung leiten soll, keine Zeit mehr hat, noch selbst zu beten, dann ist irgend ein schrecklicher Fehler unterlaufen. Ich weiß noch, wie der Herr versuchte, den Kontakt mit mir wieder aufzunehmen, aber in Gedanken griff ich nach dem Terminkalender, schaute hinein und schlug dem Herrn vor, daß wir uns in ungefähr drei Monaten treffen könnten!

Es gibt viele Dinge und viele Sünden, die unser Leben als Diener Gottes zerstören können, aber Geschäftigkeit ist vielleicht das Schlimmste von allem. Hat uns nicht der Herr gewarnt, daß wir uns in den letzten Tagen, vor der Wiederkunft des Menschensohnes, gerade vor dieser Gefahr in acht nehmen sollen?

> „Hütet euch aber, daß eure Herzen nicht etwa beschwert werden durch Völlerei und Trunkenheit und Lebenssorgen und jener Tag plötzlich über euch hereinbricht" (Lk. 21,34).

Wir denken, wir hätten das Recht, geschäftig zu sein und entschuldigen uns einfach dafür, daß wir das Allerwichtigste von allem nicht tun – still zu sein und Gott zu suchen. Aktivitäten sind nicht nur eine der Versuchungen, die uns am leichtesten umgarnen, sie sind auch sehr oft ein Zeichen für puren Unglauben. Sehr viele Pastoren, normale Christen und Gemeinden leben von ständiger, nie endender Aktivität. Es würde zum vollständigen Zusammenbruch des jeweiligen Dienstes oder der jeweiligen Gemeinde führen, wenn man diese Aktivitäten wegnähme. Wir haben Angst davor, einfach innezuhalten und auf den Herrn zu warten, weil wir fürchten, daß wir dann nicht mehr im selben Tempo vorwärts gehen oder nicht mehr genug Geld in der Kollekte zusammenbringen würden.

Es ist nicht meine Absicht, dieses Problem hier ausführlich zu behandeln. Ich will einfach nur betonen, daß einer der Hauptgründe für meinen Zusammenbruch darin lag, daß ich im Blick auf die Aufgaben, zu denen ich berufen war, nicht mehr im Herrn ruhen konnte. Und ebensowenig war ich dazu in der Lage, die Aufgaben, die ich nicht tun sollte, in Seinen Händen ruhen zu lassen. Die Herrschaft, die auf Seinen Schultern liegen sollte, lastete drückend auf meinen eigenen, selbst im Blick auf Dinge, von denen ich wußte, daß allein Gott sie tun konnte. Eine derartige Entwicklung wird oft durch eine Mischung aus mangelndem Vertrauen auf Gott und persönlichem Stolz verursacht – dem Glauben, daß nur ich diese Aufgabe richtig ausführen kann.

Manchmal ist es sehr schwierig, den Geist des Stolzes zu entdecken, weil er sich mit dem aufrichtigen Wunsch paart, die Pflicht zu erfüllen und auf keinen Fall nachlässig zu sein. Ich habe nicht bewußt den Gedanken gehegt, ich wäre eine wichtige Person. Ich hatte nur den Eindruck, es sei sehr wichtig, ja sogar entscheidend, daß ich in bestimmten Aufgabenbereichen zur Verfügung stand, um zu tun, was immer zu tun war. Ich war der einzige, der diese Dinge tun konnte – so dachte ich mindestens, und eine ganze Reihe von Menschen dachten ebenso. Ich hatte nicht vor Augen, daß Gott mit Leichtigkeit auch ohne mich auskommen kann, daß Er jedoch in Seiner Gnade und Barmherzigkeit Sein Werk nicht ohne mich tun will. Keiner, am wenigsten ich selbst, ist für Gott unersetzlich. Wäre dies so, dann befände sich diese Welt in einem absoluten Chaos und es gäbe keine Hoffnung für die Zukunft.

Liebe Brüder und Schwestern, ich persönlich habe den Eindruck, daß wir in dieser charismatischen Zeit an zu großer Selbstsicherheit leiden. Vielleicht ist uns durch die Entdeckung der Gaben des Geistes, Seiner Kraft und Salbung bewußt geworden, daß wir tatsächlich etwas haben und außergewöhnliche Dinge tun können. Dies hat jedoch dazu geführt, daß wir uns auf unser eigenes Potential und unsere eigenen Fähigkeiten verlassen haben. Selbst heute, nachdem sich diese Theologie als vollkommen trügerisch herausgestellt hat, höre ich, wie Prediger versuchen, das Selbstvertrauen der Gemeinde zu stärken. Selbst wenn es „geistliches Selbstvertrauen" genannt wird, ist dies ein Abweg. Wir brauchen kein Selbst-Vertrauen, wir brauchen Christus-Vertrauen. Wir brauchen neu die Gewißheit, daß in dem vollendeten Werk unseres Herrn Jesus alle Kraft liegt und daß in diesem Werk alles ist, was wir brauchen. Gleichzeitig müssen wir uns unserer eigenen Schwachheit und Unfähigkeit immer mehr bewußt werden. Sonst schleicht sich der Stolz ein und zerstört unser Leben und unseren Dienst, ganz gleich wie stark oder herrlich er auch nach außenhin aussieht. Dies hat sich bereits an vielen Orten rund um die Welt ereignet und geschieht ständig weiter.

Jerusalem '86

Erschöpft und unter Druck stehend verließ ich Südafrika, um an einer großen Prophetenkonferenz teilzunehmen, die auf dem Berg Karmel und in Jerusalem stattfinden sollte. Der geistliche Druck, den ich in Südafrika gespürt hatte, verblaßte gegenüber dem Druck, den ich in Israel empfand. Im Laufe der vielen Jahre, in denen ich häufig in Israel gedient habe, bin ich zu der Überzeugung gekommen, daß es keinen anderen Ort auf der Erde gibt, wo eine so starke Ballung geistlicher Mächte der Finsternis vorhanden ist!

Die Tatsache, daß wir Menschen mit einem prophetischen Dienst zu diesem Treffen unter dem Thema „Was Gott heute Seinem Volk zu sagen hat" eingeladen hatten, verstärkte noch den Druck. Wer in irgendeiner Weise schon einmal Kontakt mit prophetischen Menschen gehabt hat, weiß, daß es unabhängige und eigensinnige Menschen sind. Dies hängt normalerweise mit den starken Überzeugungen zusammen, die sie aufgrund ihrer prophetischen Berufung haben. Menschlich gesehen ist es eine unmögliche Aufgabe, eine gemeinsame Veranstaltung mit 150 Propheten aus der ganzen Welt zu planen. Wir waren genau genommen 153, worauf uns Peter van Woerden, ein lieber Freund von mir, hinwies. Er verglich uns mit den 153 großen Fischen, die der Apostel Petrus durch die Kraft des Meisters Jesus in seinem Netz fing. Wir waren also ein recht bunter Haufen prophetischer Leute, jedoch alle in der Lage zu sagen: „So spricht der Herr!"

Ein Jahr vor der Konferenz war ich eingeladen worden, mich der Leitungsgruppe anzuschließen, und so nahm ich auch diese Last noch auf mich. Doch eine Sache möchte ich ganz klar stellen: Meine Mitarbeit an dieser Konferenz und die ganze Unruhe, die dies mit sich brachte, einschließlich der zwischenmenschlichen Streitigkeiten und der Uneinigkeit in der Leitungsgruppe, waren nicht der Grund für meine Krankheit und den darauffolgenden seelischen Zusammenbruch! Es war nur eines von vielen Problemen, einer von vielen Kämpfen, die mich seit Jahren umtrieben.

Bei allem, was ich von diesem Treffen berichte, kann ich aufrichtig sagen, daß ich in meiner Seele keine Bitterkeit gegen irgendjemanden empfinde und daß ich heute wirklich sehr dankbar bin für alles, was ich zusammen mit meinen Brüdern und Schwestern durchgemacht habe. Ich erwähne dieses Ereignis nur, weil es Licht auf meine eigene Situation wirft und meine eigene Torheit und Schwachheit offenbar macht. Wenn man all das betrachtet, was der Herr in meinem Leben und im Leben so vieler lieber Gotteskinder getan hat, wird die Ehre Seines Namens nur noch vermehrt. Wenn man zu einem so wichtigen Ereignis wie jener Konferenz in einem Zustand seelischer und körperlicher Erschöpfung kommt, beschwört man, wie sich jeder denken kann, ernsthafte Schwierigkeiten herauf. Hinzu kam noch ein weiteres Problem. Die Vorbereitungsarbeit in der Leitungsgruppe hatte seit mehr als einem Jahr unter so starken Unstimmigkeiten und Uneinigkeit gelitten, daß ich schon längst vor Beginn der eigentlichen Konferenz aus meiner Verantwortung ausgestiegen wäre, wenn ich noch auf Gottes Stimme gehört hätte. Mehrere Menschen warnten mich und rieten mir zu diesem Schritt, doch aufgrund meines Stolzes, der sich mit einem Gefühl der Treuepflicht verband, schenkte ich diesen Warnungen keine Beachtung.

Wenn man ein so wichtiges Ereignis organisiert – eine internationale Prophetenversammlung –, und wenn dabei in der Leitungsgruppe nicht absolute Einheit und Liebe herrschen, bedeutet dies, den Feind einzuladen und seinem Wirken Raum zu geben. Es braucht keine große Erkenntnis, um dies zu verstehen. Das Projekt an sich bedeutete schon eine große Herausforderung für die Mächte der Finsternis. Selbst wenn Einheit in der Leiterschaft geherrscht hätte, wäre sicherlich starker Widerstand von Seiten des Feindes gekommen. Doch dann hätte der Teufel wenigstens keinen Zugang zu unseren Herzen gehabt. Aber dadurch, daß die Mächte des Bösen von einer Leitungsgruppe herausgefordert wurden, die in sich selbst uneins war und in der sich die einzelnen Leiter gegenseitig mißtrauten, wurde den Mächten des Bösen die Tür weit geöffnet, und sie konnten ungehindert in unsere Mitte treten. Wir erkannten nicht, daß nicht nur einzelne Personen unter Stolz zu leiden hatten, sondern die ganze Gruppe. Wie um alles in der Welt hatten wir, die wir reife Leiter waren, glauben können, in diesem Zustand eine solche Konferenz leiten zu können, ohne dabei viele Menschen zu verletzen?

Damit will ich nicht sagen, daß jene Versammlungen im Frühjahr 1986 auf dem Karmel und in Jerusalem eine vollkommene Zeitverschwendung waren. Im Gegenteil, im Licht der Ewigkeit wird sich vielleicht zeigen, daß aus diesen Treffen mehr Frucht erwachsen ist als aus vielen anderen Dingen. Zunächst einmal ist es wichtig zu erwähnen, daß viele der Teilnehmer einen großen Segen verspürt haben, vor allem, so glaube ich, aufgrund der überwältigenden Gnade des Herrn. Zweitens sieht der sogenannte „Erfolg" eines geistlichen Unternehmens in Gottes Augen ganz anders aus als das, was wir Menschen als Erfolg einstufen. Wir Menschen versuchen, „Ergebnisse" hervorzubringen, um damit zu beweisen, daß wir in unserem Dienst Erfolg haben. Aber Gott hat kein Interesse an großen Zahlen, klugen Predigten oder einer starken, professionellen Leiterschaft. Gott geht es um geistliche Dinge. Sein größtes Interesse besteht darin, den Charakter der beteiligten Menschen zu formen, selbst wenn die Sache, um die es geht, als Ganzes betrachtet wie ein einziges Versagen aussieht.

Einige der Situationen, in denen wir versagt haben, haben sich für Gottes Ziele sogar als größere „Erfolge" herausgestellt als die meisten unserer großen „Siege". Petrus' großer Fang von 153 Fischen war das Ergebnis seines anfänglichen Versagens. Zunächst zog er in seiner eigenen Kraft los, mühte sich die ganze Nacht ab und fing nichts. Als er dann dem Ruf und dem Wort des Herrn folgte, erlebte er einen großen Erfolg, der ihn sehr demütigte und ihn dazu brachte, dem Meister zu Füßen zu fallen. Ausgehend von der Erfahrung des Versagens wurde Petrus in den geistlichen Dienst berufen, für Christus Menschen zu fischen.

Wenn ich auf jene Versammlung in Jerusalem zurückblicke, und dies ist keineswegs eine Analyse der gesamten Konferenz, dann waren nur einige der Botschaften für mich in meiner persönlichen Situation wichtig. Eine der prophetischen Botschaften berührte mein Herz auf besondere Weise und offenbarte mir, mit welchem Ziel Gott uns zusammengerufen hatte. Die Botschaft kam durch David Noakes aus England. Der Herr sagte:

„Ich habe euch dazu berufen, in den Thronraum des Universums zu gehen, den Ort, wo ich, der ich hoch und heilig bin, der ich ewig lebe, meinen Thron habe. Von dort aus will ich euch meinen Rat und meine Weisung geben.

Es gibt viele, die sich meine Botschafter nennen, die jedoch nie in meinen Thronraum kommen, um Salbung zu empfangen und die Botschaft zu hören, mit der ich sie beauftragen will. Darum gehen sie hinaus und sprechen Worte aus, die nicht von mir sind, auch haben sie nicht die Salbung meines Heiligen Geistes. Euch jedoch sage ich: Gebt euch mir heute neu hin und beschließt in eurem Herzen, euch darauf zu konzentrieren, daß ihr in meine Gegenwart tretet und dort bleibt und nicht hinausgeht, bis ich euch sende. Auch sollt ihr mit euren Lippen in meinem Namen nichts äußern, was ihr nicht von mir und dem heiligen Ort meines Thronraumes gehört habt.

Meine Gegenwart ist ein Ort des Friedens, des Lichtes und der Wahrheit. Keine Unordnung oder Verwirrung oder Finsternis oder Lüge kann vor meinem Thron bestehen. Ich habe euch nicht an diesen Ort gebracht, um euch eine besondere Botschaft zu geben, sondern ich habe euch hier hergebracht, um euch zu fähigen Boten zu machen, die jede Botschaft, die ich euch in den kommenden Zeiten anvertrauen werde, hinaustragen können. Ich habe euch hier hergeführt, um eure Herzen im Wasser der Buße und eure Lippen mit Kohle vom Altar zu reinigen, damit ihr heilig seid und mein Wort einem Volk weitersagen könnt, das aus Mangel an wahrer Erkenntnis zugrunde geht.

Gebt euch mir erneut hin. Wendet euch ab von eurem geteilten Sinn und geht hervor als Menschen, deren größte Freude darin besteht, vor meinem Thron zu sein, sowohl in Zeiten, wo ich rede, als auch in Zeiten, wo ich schweige. Wendet euch von aller Weltlichkeit ab, die euer Leben verunreinigt, und macht euch stattdessen auf zur Wohnstätte eures Gottes. Seid wie jene Menschen, die in neuer Weise erfahren, welchen Segen es bringt, Türhüter in meinem Haus zu sein und die Wohnstätte des Bösen zu verlassen. So werdet ihr meinen Herzschlag hören, und ihr werdet nicht mehr nur meine Werke sehen, sondern erleben, wie köstlich es ist, meine Wege zu verstehen. Denn in dieser Stellung der Weihe und Heiligung werde ich meine Gedanken denen mitteilen, die ich meine Freunde nenne und die mich so sehr lieben, daß sie nahe zu mir treten und wohnen, wo ich wohne. Wenn du so weit gekommen bist, daß es dein größter Herzenswunsch ist, an diesem Ort zu wohnen, dann wird es dir nicht schwerfallen zu verstehen, was ich sage, weil dann alle anderen Stimmen ausgelöscht sind. Ich werde dich zu einer lebendigen Botschaft machen, das Wort des Lebens wird aus deinem Herzen und von deinen Lippen strömen, so wie zu der Zeit, als ich Mensch war. Habe Gemeinschaft mit dem Vater, so wie ich sie hatte, dann werde ich dich zu dem machen, was ich damals war: Jesus in der Welt!"

Mich versetzt der Gedanke in Staunen, daß Gott Interesse daran hatte, so viele Menschen, unter so großem Kostenaufwand, zusammenzurufen, um uns vor allem in Seine Gegenwart zu ziehen, und nicht, wie wir es erwartet hatten, um uns wichtige Botschaften für die Welt zu geben.

Ich frage mich oft, wie Gott es sich leisten kann, so mit Seinen Kindern zu handeln, wie Er es tut. Zum Beispiel zuzulassen, daß Watchman Nee aus China, einer der größten und begabtesten Bibellehrer dieses Jahrhunderts, mehr als 20 Jahre lang in einem kommunistischen Gefängnis festsaß und seine großen Gaben dafür einsetzte, kommunistischen Unsinn ins Englische zu übersetzen. Doch während dieser Zeit der scheinbar unvergleichlichen Sinnlosigkeit verbreitete sich das Wort Gottes rund um die Welt, und zwar durch die Veröffentlichung von Büchern, in denen Nees Behandlung von fast sämtlichen Themen der Bibel veröffentlicht wurden! Während wir bei der Versammlung auf dem Karmel und in Jerusalem durchs Feuer gingen, wie es jemand nannte, wirkte Gott in vielen von uns sehr tief. Das Treffen sah vielleicht wie ein Versagen aus, aber es ist möglich, daß diese Zeit mehr Frucht in unserem Herzen und Leben hervorgebracht hat als viele weitaus „erfolgreichere" Konferenzen, an denen wir teilgenommen haben.

Die meiner Meinung nach größte geistliche Erfahrung, die wir auf dem Berg Karmel machten, wurde ausgelöst durch einen Brief, der uns von einer lieben Schwester aus Jerusalem geschickt wurde. Sie selbst war nicht in der Lage gewesen, an der Versammlung auf dem Karmel teilzunehmen, aber irgendwie hatte sie im Heiligen Geist gespürt, daß wir Probleme hatten und nicht verstanden, in welche Richtung Gott uns führen wollte. In ihrem Brief eröffnete sie uns, wie sie beim Beten einen äußerst seltsamen Gedanken vom Herrn bekommen hätte – daß wir auf dem Karmel in ein Fasten von Worten eintreten sollten. Die Bibelverse, die sie uns gab, waren aus Prediger 4,17-5,2:

> „Bewahre deinen Fuß, wenn du zum Haus Gottes gehst! Und: Herantreten, um zu hören, ist besser, als wenn die Toren Schlachtopfer geben; denn sie sind Unwissende, so daß sie Böses tun. Sei nicht vorschnell mit deinem Mund, und dein Herz eile nicht, ein Wort vor Gott hervorzubringen! Denn Gott ist im Himmel, und du bist auf der Erde; darum seien deine Worte wenige. Denn bei viel Geschäftigkeit kommt der Traum und bei vielen Worten törichte Rede."

Man kann gar nicht beschreiben, wie tief wir Leiter inmitten des ganzen Durcheinanders von diesen Worten getroffen wurden. Bis zu diesem Zeitpunkt waren unsere Plenumsveranstaltungen von zahllosen Botschaften vieler aktiver Propheten überschwemmt worden. Wir hatten einen solchen Strom menschlicher Worte, Visionen, Meinungen und Überzeugungen gehört, daß wir des Zuhörens alle müde waren. So kündigten wir nun ein Fasten von Worten an, das vom Abend bis zum nächsten Mittag dauern sollte. Es war eine ungeheuere Erfahrung zu sehen, wie die Leute hinaus in den Wald gingen, um auf den Herrn zu warten, Sein Angesicht zu suchen und zu hören, was Er uns wirklich zu sagen hatte. Aus dieser Erfahrung heraus begann der Herr Visionen und prophetische Worte zu schenken, die uns viel Erleuchtung brachten und die meines Erachtens eine vollkommene Wende der Konferenz bewirkten und uns vor

Verwirrung retteten. Nach diesem Tag hatten Clifford Hill, Lance Lambert und Robert Osterman Prophetien, die bleibende Wirkung auf den Leib Christi haben werden. Wenn unser eigenes Reden völlig zum Ende kommt und wenn wir es wagen, einfach nur still zu sein und auf den Herrn zu warten, dann wird Er uns niemals enttäuschen oder im Stich lassen.

Als der Jerusalemer Teil unseres Treffens begann, gab es recht große Probleme und Verwirrung unter der Leiterschaft. Es sah so aus, als würde jeder in eine andere Richtung gehen. Ich empfing in meinem Herzen eine ernste Botschaft, die zum Inhalt hatte, daß Jesus den Tempel reinigt. Der Kernpunkt meiner Botschaft war, daß das Gericht beim Hause Gottes anfängt. Ich ahnte nicht, daß dieses Wort, das so schwer auf meinem Herzen lastete, zu einem zweischneidigen Schwert werden sollte, mein eigenes Herz durchdringen und mich in den kommenden Monaten in Stücke zerschlagen würde. Gerade diese Botschaft, die ich an jenem Abend aussprach – und ich glaube, daß ich sie vom Herrn empfangen hatte, auch wenn sie sehr hart war –, wandte sich mit ungeheuerer Kraft gegen mein eigenes Leben. An jenem Abend begann die schrecklichste Zeit der Versuchung und Prüfung, die ich in meinem ganzen Leben als Christ je erlebt habe.

Als ich an jenem Abend in mein Hotelzimmer zurückging, merkte ich, daß irgendetwas nicht in Ordnung war. Ich konnte nicht schlafen, und so stand ich mitten in der Nacht auf, um zu lesen. Meine Frau Erna fragte mich, was los sei. Ich weiß noch, wie ich ihr antwortete, daß ich mich fühlte, als würde ich mit dem Fahrrad einen Berg hinauffahren. Dabei hatte ich in der bequemsten Stellung, die es nur gab, im Bett gelegen. Irgendetwas in mir bewirkte, daß mein Körper auf Hochtouren lief, so daß ich nicht ruhen konnte. Ich dachte, dies hinge vielleicht mit den Magenbeschwerden zusammen, die ich häufig bekam, wenn ich bei der Arbeit unter großem Streß stand. Deshalb nahm ich an, alles würde wieder in Ordnung kommen, sobald wir zu Hause wären und ich mich ausruhen könnte. Ich konnte nicht wissen, daß ich fast drei Jahre lang durch den Feuerofen würde gehen müssen und daß es mich fast das Leben kosten würde.

28

Kapitel 3

ES WIRD DUNKLER

Als wir in Kopenhagen eintrafen, versuchte ich, mein Un-
wohlsein mit Medikamenten für meinen Magen zu behandeln,
doch dies brachte keinerlei Besserung. Da beschloß ich, Urlaub
zu machen und zwei Wochen nichts zu tun, doch an meinem
körperlichen Zustand änderte sich dadurch nichts. Schließlich
faßte ich den Entschluß, meine Ärzte aufzusuchen.

Bisher hatten sie nie etwas festgestellt, doch dieses Mal,
nachdem sie ein EKG gemacht hatten, zogen sie sich in eine
Ecke des Raumes zurück und berieten miteinander. Es sah aus,
als sprächen sie über etwas, was sie auf dem EKG gesehen
hätten. Nach einer Weile wandten sie sich mir mit ernstem Blick
zu und sagten, daß mit meinem Magen alles in Ordnung sei, daß
jedoch mit meinem Herzen etwas nicht stimmte. Da sie mir nicht
genau sagen könnten, was es sei, sollte ich sofort auf die Inten-
sivstation des nahegelegenen Krankenhauses eingewiesen werden. Da ich mich nicht für ernsthaft krank hielt, packte mich die
Angst, als sie mir sagten, daß ich nicht selbst fahren dürfe,
sondern meine Frau anrufen und sie bitten solle, mich zum
Krankenhaus zu bringen.

Nach den Untersuchungen im Krankenhaus wurde festgestellt, daß ich an einer Krankheit litt, die man Vorhofflimmern
nennt. Der Vorhof zieht sich viel zu schnell zusammen und
zudem in einem unregelmäßigen Rhythmus. Keiner der üblichen
körperlichen Ursachen für diese Krankheit konnte festgestellt
werden, daher waren die Ärzte nicht in der Lage, mir irgendetwas zu sagen, außer der unwissenschaftlichen Tatsache, daß der
Zustand durch Streß verursacht war. Sie teilten mir mit, daß
diese Beschwerden meine Energie einschränken und das Risiko
eines Herzinfarktes erhöhen würden, wenn das Leiden nicht
geheilt oder mindestens unter Kontrolle gebracht werden könne.
Die Behandlung mit Elektroschocks, die den normalen Herzrhythmus wiederherstellen sollte, schlug nicht an. Ebenso wenig

half die Behandlung mit verschiedenen Medikamenten, auch wenn dadurch der Pulsschlag gesenkt werden konnte.

Nach diesen Behandlungen wurde mir von zwei verschiedenen Ärzten gesagt, daß ich keine vollkommene Heilung erwarten könne. Die Statistik zeige, daß weniger als 3% der Patienten, die an dieser Krankheit leiden, wiederhergestellt würden. Ich könne jedoch damit rechnen, ein einigermaßen normales Leben zu führen, vorausgesetzt, daß ich bis zum Lebensende Medikamente nähme und die Nebenwirkungen erträglich blieben. Ein anderer Arzt vertrat die Meinung, daß meine Beschwerden wahrscheinlich mit einem Herzfehler zusammenhingen, den ich seit Geburt hatte. Aufgrund des Drucks, dem ich ausgesetzt gewesen war, habe sich dieser Fehler erst jetzt, im Alter von 50 Jahren, ausgewirkt und zu unregelmäßigem Herzschlag geführt. Die „Virus"-Attacke in Moskau habe wahrscheinlich die Beschwerden ausgelöst. Ich kann immer noch die Stimme von einem der Ärzte hören: „Wenn wir Ihren normalen Herzrhythmus nicht schnell wiederherstellen können, dann werden Sie für den Rest Ihres Lebens drogenabhängig sein." Nun, es gelang ihnen nicht, den Herzrhythmus wiederherzustellen, und es sah so aus, als müsse ich meine Aktivitäten auf Dauer sehr einschränken und täglich eine beachtliche Anzahl von Herzmedikamenten nehmen. Dies hätte in vielfacher Hinsicht eine Verlangsamung meines Lebens bedeutet. Doch Gott hatte andere, bessere Pläne für mein Leben.

Schon bald nach Verlassen des Krankenhauses wurde alles noch viel schlimmer. Da ich an die Medikamente, die ich nehmen mußte, nicht gewöhnt war, und da ich bisher noch nie eine ernsthafte Krankheit gehabt hatte, lösten die Medikamente eine Depression aus. Ich fühlte mich sehr müde und benommen. Dies und die Unregelmäßigkeit meines Pulsschlags minderte meine Energie um 20 %, und es dauerte nicht lange, da wurde ich offen für alle möglichen Zweifel und Angriffe vom Feind.

Auf der Suche nach Antworten

Um eine Erklärung für all dies zu finden, begann ich, nach Innen zu schauen. Ich konnte nicht verstehen, warum es mir so schlecht ging, und hatte den Eindruck, daß Gott unsere Gebete nicht mehr hörte. Ich fing an, mich selbst zu verdammen, und das brachte mich schließlich fast an den Rand der Selbstzerstörung. Heute kann ich sehen, wie der Feind die Gelegenheit ergriff, die sich ihm durch meine Krankheit und Schwachheit bot, und wie er versuchte, mich völlig zu vernichten. Doch gleichzeitig bin ich zutiefst davon überzeugt, daß Gott auf viel stärkere Weise in allem war, als ich es mir damals vorstellen konnte.

Situationen wie diese bestehen immer aus einer Kombination von Gottes Wirken und dem Einmischen des Feindes, der versucht, die schlimmstmöglichen Folgen aus jeder Not entstehen zu lassen. Aus diesem Grund ist es so wichtig, daß man in der Lage ist, die Geister zu unterscheiden, besonders wenn man versucht, leidenden Menschen zu helfen. Ich kann ehrlich sagen, daß ich, als die Depression mit immer größerer Macht über mich kam, nicht in der Lage war, irgendetwas zu unterscheiden. In einem solchen Fall ist es um so wichtiger, daß andere Menschen, die einem nahe stehen, die Unterscheidung zwischen Gut und Böse treffen können.

Die Menschen, die diese Unterscheidung nicht machen konnten, waren mir auch keine wirkliche Hilfe. Sie behaupteten, daß alles, was ich durchmachte, direkt aus der Hölle käme, und daß ich fähig sein müßte, allem zu widerstehen und über Nacht wieder gesund zu werden. Ich würde niemals sagen, daß irgend einer von diesen Freunden zu der Gruppe der „Freunde Hiobs" gehörte, denn Hiobs Freunde waren noch schlimmer: sie klagten Hiob an, heimliche Sünden begangen zu haben, und glaubten, diese seien die Ursache für sein Leiden. Dank sei Gott vertrat niemand von denen, die mir zu helfen versuchten, diese Ansicht. Aber einige konnten einfach nicht die Tatsache akzeptieren, daß sowohl Gott als auch Satan etwas mit der Krankheit zutun haben sollten. Und das wurde für mich zum Problem.

Aufgrund von Gottes Handeln mit mir blieben die verschiedenen Hilfeversuche, bei denen mein eigener Glaube hätte mitwirken müssen, erfolglos. Als die Therapien nicht anschlugen, nicht einmal jene, die von einigen der größten „Glaubensheiler" „angewandt" wurden, wuchs meine Verzweiflung. Die Depression wurde noch stärker, weil ich mich schuldig fühlte und den Eindruck hatte, ich würde immer weniger in Gottes Gnade stehen. Die Enttäuschung jener Freunde, deren Hilfeversuche bei mir fehlschlugen, führte natürlich dazu, daß sie mich schon bald aufgaben. Ich wurde zu einem jener hoffnungslosen Fälle, die nicht genug Glauben haben und denen darum auch nicht geholfen werden kann.

Ich weiß noch, wie ich einen der bekanntesten Glaubensprediger aufsuchte und um Gebet für Befreiung bat. Er betete bereitwillig für mich. Aber da zu jenem Zeitpunkt die gewünschte Folge des Gebets ausblieb, beschuldigte er mich, ich hätte keinen Glauben. Mein Gehirn funktionierte noch gut genug, um ihm eine Antwort zu geben: „Wenn ich noch Glauben hätte, dann wäre ich nicht zu Ihnen gekommen. Ich weiß, daß ich keinen Glauben habe. Schließlich bin ich gekommen, weil ich dachte, Sie hätten Glauben!"

Ein weiterer Faktor verstärkte meine zunehmende Depression. Ich war bisher ein überaktiver Mensch gewesen und verlor nun immer mehr an Energie und konnte meine Arbeit immer weniger ausführen. Dieses Gefühl der Ineffektivität und des Nichtstuns bedrückte mich viel stärker als die körperlichen Einschränkungen. Im Blick auf diesen Bereich meines Lebens wurde mir klar offenbart, daß meine Identität viel mehr in meinem Dienst und meinen Fähigkeiten verwurzelt war als in dem Herrn. Wenn man einem Menschen die Fähigkeit zum Arbeiten, seinen Dienst, wegnimmt, dann gerät er in eine tiefe Depression, wenn er nicht tief im Herrn verwurzelt ist. Für einen Mann ist der Zustand der Arbeitslosigkeit eine schreckliche Sache, weil dies mehr als alles andere seinen männlichen Stolz verletzt. Hier war ich nun und lebte wie ein nutzloses Etwas vor mich hin, obwohl ich vorher zu den effektivsten, erfolgreichsten Dienern des Herrn gehört hatte.

Natürlich war mein Zustand ein Anlaß zur Selbstprüfung, doch während dieses Prozesses wurden die Dinge immer schlimmer. Ohne Zweifel wollte Gott mich von einigen Dingen reinigen und wollte andere korrigieren. Diese Dinge waren jedoch nicht von so schrecklicher Art, daß sie drei Jahre der Folter einer Depression gerechtfertigt hätten. Ich glaube nicht, daß Gott eines Seiner Kinder mit drei Jahren Knechtschaft bestrafen würde, nur weil es einige, in meinen Augen nicht sehr große Sünden begangen hat. Natürlich sind alle Sünden in Gottes Augen schrecklich, weil selbst die kleinen Sünden dazu geführt haben, daß Er den größten Preis bezahlt hat – das Opfer Seines eigenen Sohnes, des Herrn Jesus. Ich bin mir auch nicht sicher, ob das, was wir schwere Sünde nennen, von Gott in derselben Weise beurteilt wird, und ob das, was wir als kleinere Vergehen betrachten, auch für den Herrn klein aussieht. Sünde in jedem Ausmaß und in jeder Form ist schrecklich und muß von uns zurückgewiesen und gehaßt werden. Doch ich glaube nicht, daß Gott uns in der Weise bestraft, wie ich es damals in meiner Leidenszeit glaubte.

Ich gebe zu, daß es Sünden in meinem Leben gab, die ich bekennen und von denen ich mich trennen mußte, und ich rechtfertige mich nicht dafür. In meinem Stolz hatte ich mir erlaubt, Gedanken zu hegen und mich Dingen zu widmen, die Gott nicht wohlgefällig waren. Wenn ich auch nicht in tiefe Sünden gefallen war, konnte ich doch das, was da war, nicht rechtfertigen. Ein Teil meines Problems bestand darin, daß ich mich immer wieder weigerte, Gottes beständige Warnungen zu hören. Wir müssen leiden, wenn wir ungehorsam sind, denn der Lohn der Sünde ist noch immer der Tod. Die Sünde enthält in sich selbst schon eine Art Strafe, so wie das göttliche Gesetz sagt: „Was ein Mensch sät, das wird er auch ernten" (Gal. 6,7). Es ist wichtig, daß wir die Sünde in jeder Form fürchten. Oder besser, wir sollten eine so große Gottesfurcht haben, daß sie uns davon abhält, uns in irgendeiner Weise an Seinem Heiligen Namen zu vergehen. In dieser charismatischen Zeit mit ihren vielen Segnungen und Gaben von Gott sollten wir nie vergessen, Gottes Volk, und besonders unsere jungen Leute, zu lehren, die

Sünde ernstzunehmen und sich in wahrer Buße davon zu reinigen.

Gott wirkt in allem

Die Tatsache, daß Gott in all unseren Prüfungen und Versuchungen ist, ist für jeden, der anderen seelsorgerlich zur Seite steht, von äußerster Wichtigkeit. Wenn wir Heilung anstreben, ist es entscheidend, daß wir, noch bevor wir mit einer Therapie beginnen, erkennen, daß Gott an dem Bruder oder der Schwester handelt. Ich gehöre zu denen, die an göttliche Heilung glauben, ich glaube, daß wir durch die Striemen des Herrn Jesus Heilung empfangen haben. Doch von meinem Verständnis der Schrift und den Realitäten des Lebens her kann ich dies nicht als einen Blankoscheck für Heilung in jeder Situation und zu jeder Zeit ansehen.

Ich glaube, daß es einen Unterschied macht, ob wir über Heilung von Menschen sprechen, die sich außerhalb von Christus befinden, oder Heilung von Menschen, die in Ihm sind. Für die erste Gruppe habe ich sehr viel mehr Glauben, was spontane, bedingungslose Heilung betrifft. So weit ich dies vom Neuen Testament her beurteilen kann, sind die meisten Heilungen, die der Herr Jesus vollbrachte, an Ungläubigen geschehen und dienten als Zeichen, um Sünder in das Reich Gottes zu ziehen. Ich kann sehr viel leichter an Massenheilungen glauben, wenn es sich bei der Zielgruppe um noch nicht von neuem geborene Menschen dieser Welt handelt, als wenn es um Heilung von Menschen geht, die sich bereits im Reich Gottes befinden und durch Gottes Gnade gerettet und gerechtfertigt sind.

Ich gründe diese Unterscheidung auf mein Verständnis des Wortes Gottes. Sobald jemand in Christus ist, fängt der Heilige Geist an, seinen Charakter zu formen. Gott gebraucht alle Dinge in unserem Leben, um uns in das Bild Seines eigenen Sohnes zu gestalten. Dies ist die Bedeutung des Satzes, „daß denen, die Gott lieben, alle Dinge zum Guten mitwirken" (Röm. 8,28). Diesem Satz im Römerbrief folgt ein Vers, in dem Paulus uns sagt, daß Gottes Wirken das Ziel hat, uns in das Bild Seines

Sohnes zu formen. Darum können wir das, was ein wiedergeborener Gläubiger durchmacht, niemals von dem Wirken des Heiligen Geistes in seinem Leben trennen. Schließlich sind Gottes ewige Pläne viel größer, als uns nur ein angenehmes Leben auf dieser Erde zu schenken. Er denkt an unser zukünftiges ewiges Leben.

Heilung im Leib Christi ist daher im Neuen Testament mit dem Prozeß der Heiligung verbunden. Als Paulus davon sprach, daß in der Gemeinde in Korinth viele krank und einige frühzeitig gestorben waren, deutete er auf den Grund für die fehlende Heilung hin. Es hing damit zusammen, daß die einzelnen Gemeindeglieder einander nicht achteten. Unter den Brüdern und Schwestern gab es Lieblosigkeit, es gab zerbrochene Beziehungen (1. Kor. 29,30). Es ist nicht vorstellbar, daß die Kranken durch irgendeine Gabe der Heilung gesund wurden, ohne daß sich die Gemeinde zunächst um den zerbrochenen Leib Jesu kümmerte. Mit anderen Worten, wir müssen Gottes Handeln im Leben Seiner geliebten Kinder respektieren, bevor wir anfangen, irgendeine Veränderung mit dem Ziel der sofortigen Heilung zu beanspruchen. Grundsätzlich müssen die Gläubigen heute neu verstehen, wertschätzen und achten, daß Gott eine Person ist und daß Er wirklich in jedem wohnt, der wahrhaftig durch den Heiligen Geist wiedergeboren ist. Ansonsten laufen wir Gefahr, mit unserer gutgemeinten charismatischen Begeisterung im Widerspruch zu Gottes Handeln zu stehen.

Eine Krankheit kann, als Ganzes oder auch teilweise, direkt dadurch verursacht sein, daß der Betreffende eine Sünde begangen hat. Doch oft entstehen Krankheiten oder körperliche Schwierigkeiten, mindestens zum Teil, dadurch, daß Gott Seine Kinder prüft, reinigt und heiligt. Wenn wir uns nun mit der Situation eines Seiner Kinder befassen, ist es nötig, daß wir den Herrn befragen.

Der Treibsand der Verzweiflung

Im Blick auf das Bekennen von Sünden gibt es einen Punkt, der bedacht werden sollte. Wenn Menschen wie ich, die ein übersensibles Gewissen haben, anfangen, sich selbst zu erforschen und ihre Sünden zu bekennen, kann dies gefährlich sein. Ich bekannte zwar auf rechte Weise meine Sünden, doch dann wurde ich vom Feind irregeführt, dieselben Sünden immer wieder neu zu bekennen, so daß das Bekennen zum Schluß fast zu einer fixen Idee wurde. Jedesmal, wenn ich mich zusammen mit meiner Frau im Gebet an den Herrn wandte, nannte ich Ihm immer wieder dieselben Fehler und mein Versagen. Schließlich weigerte sich meine Frau, mit mir zu beten, weil meine Gebete nicht nur meinen eigenen Glauben zerstörten, sondern auch ihren.

Aber nicht nur das. Ich fing an, die Schuld für alles, was schief ging, auf mich zu nehmen, und zwar nicht nur, was mich und meine Familie betraf, sondern ich nahm auch alles Negative auf mich, was in der Gemeinde und im Dienst oder im Leben meiner Brüder und Schwestern geschah. Es war alles mein Fehler. Wenn jemand in der Gemeinde unter Problemen zu leiden hatte, war dies meine Schuld, weil ich nicht als der Hirte der Gemeinde da war, um für die Herde zu sorgen. Wenn auf einer Konferenz Probleme auftauchten oder eine Schwere auf uns lag, hing dies damit zusammen, daß ich einen Geist der Depression mitbrachte und nicht fähig war, wie sonst eine gute und starke Leitung auszuüben.

Meine Bereitschaft, meine Fehler zuzugeben, sieht vielleicht wie wahre Demut aus, doch in Wirklichkeit war es eher Stolz. Damals und bis zu dem Zeitpunkt, wo ich völlig vor dem Herrn zerbrach, glaubte ich immer noch, ich sei unersetzlich: Gott könne auf mich nicht verzichten! Ich meinte, es sei wichtig, daß ich in der Nähe sei, sonst würde alles auseinanderfallen.

Dadurch, daß ich all dies auf mich nahm, entstand eine große Last. Ich trug viel mehr als nur meine eigenen Sünden, und auch diese konnte ich nicht tragen. Schon bald führte diese Haltung zu einer schrecklichen Psychose der Verdammung, und dadurch öffnete sich die Tür unseres Hauses einem Geist des Hölle. Tag und Nacht wurde ich mit Tausenden von Anklagen bombardiert, wodurch sich meine sowieso schon schwere Depression nur noch verstärkte.

Um die Wirkung dieser Gedanken der Verdammung zu mindern, fing ich an, Schlaftabletten zu nehmen. Dies entwickelte sich natürlich zu einer Abhängigkeit, und so hatte ich einen weiteren Kampf auszufechten. Ich sank immer tiefer ein in den Treibsand der äußersten Verzweiflung. Ich fing an zu glauben, ich sei kein Christ mehr. Vielleicht hatte ich früher die Wiedergeburt erlebt, doch nun hatte ich meine Errettung verloren und wartete nur noch auf die ewige Verdammnis. Eine seltsame Neigung erwachte in meiner Seele. Ich wollte alle Abschnitte im Neuen Testament lesen, die von der Möglichkeit sprachen, aus der Gnade zu fallen.

Ich las sie alle, jeden einzelnen, immer wieder, und ich zeigte sie meiner Frau, um sie davon zu überzeugen, daß ich vollkommen verloren sei. Wenn diese Worte nicht eine genaue Beschreibung meiner Person waren, wovon sprachen sie sonst? So dachte und redete ich. Ich erinnerte mich an die Zeiten, wo ich in der Leitung der „Young Christians Drug Addict Mission" in Kopenhagen tätig gewesen war. Als einige der Drogensüchtigen wiederholt rückfällig geworden waren und schließlich Selbstmord begingen, sprachen wir davon, daß es einen Punkt gibt, wo keine Rückkehr mehr möglich ist.

Meine Frau mußte all dies ertragen. Die Person, die ich nach der Person meines wunderbaren Heilandes, des Herrn Jesus Christus, auf dieser Erde am allermeisten liebe, ist meine wunderbare Frau. Es ist unmöglich, den Schmerz und die Verzweiflung zu beschreiben, die sie durchmachen mußte. Alle anderen, die kamen, um uns zu helfen – und es waren viele –, konnten nach einigen Stunden wieder gehen. Aber meine Frau mußte fast drei Jahre lang Tag und Nacht bleiben. Es ist eines von Gottes größten Wundern, daß sie diese Zeit durchgestanden hat, und es zeugt auch von der Qualität ihrer Liebe zu mir. Dadurch, daß sie bei mir blieb, hat sie ihre eigene seelische Gesundheit aufs Spiel gesetzt. Mehrere Male war der seelische Druck so stark, daß sie mir fast genommen worden wäre.

Neben meiner Frau kämpften auch meine Kinder an meiner Seite. Sie gaben nie die Hoffnung auf und äußerten immer wieder den festen Glauben, daß ich eines Tages, und zwar bald, befreit werden würde. Mein Sohn Per, der älteste unserer Kinder, hatte immer darunter gelitten, der Sohn eines sehr bekannten Predigers zu sein, mit allem, was dies mit sich bringt. Doch nun, als er entdeckte, wie schwach und menschlich ich war, kam er mir immer näher. Als er mir am letzten Weihnachtsabend vor meiner Heilung die Hände auf den Kopf legte und für meine Befreiung betete, spürte ich, daß wir auf eine neue Weise miteinander verbunden worden waren. Meine älteste Tochter Henriette kam den langen Weg von Kenia angereist, um zu Hause bei mir und ihrer Mutter zu sein. Durch Gottes Gnade war sie für uns alle ein großer Segen und ein Trost. Anne-Christina, die Jüngste, war die einzige von den Dreien, die noch zu Hause lebte, darum litt sie am meisten unter dem Kampf. Ich weiß noch, wie ich sie quälte und mit meinen Fragen plagte und wie sie mir mit großer Geduld (was weder ihre Stärke noch die Stärke ihres Vaters ist) zuhörte und versuchte, mir zu antworten. Und wenn sie mir nicht antworten konnte, versicherte sie mir immer, wie sehr sie mich liebte, obwohl ich mich tief im Abgrund befand.

Wie sehr danke ich Gott für meine Familie. Freunde und Brüder und Schwestern sind etwas Wunderbares, doch es gibt nichts, was mit einer gläubigen Familie zu vergleichen wäre, nichts, was mit meiner Familie zu vergleichen wäre.

Kapitel 4

DAS TAL DES
TODESSCHATTENS

Während dieser Zeit der seelischen Qualen gelang es dem
Feind, mich glauben zu machen, daß ich tatsächlich jene Sünde
begangen hatte, die nicht vergeben werden kann: die Sünde
gegen den Heiligen Geist! Ich weiß, daß es wahrscheinlich
absolut unglaublich klingt, daß sich ein langjähriger Prediger
des Evangeliums, ein Geist-erfüllter, charismatischer Bibellehrer, der Leiter einer weltweiten Gebetsbewegung so weit von der
Wahrheit entfernen konnte. Doch Tatsache ist, daß ich dies
erlebte. Da ich nicht fähig war, auf die Liebe zu reagieren, die
mir von meiner Familie und meinen Freunden entgegengebracht
wurde, da die Gebete für mich keine Wirkung zeigten, und
ebensowenig der geistliche Kampf, der für mich ausgefochten
wurde, und da trotz vieler Stunden der Seelsorge keine Änderung sichtbar war, gab es nach meiner Einschätzung – und diese
wurde vom Teufel unterstützt – nur eine Erklärung: ich hatte die
allerschlimmste Sünde begangen, die es gab, die Sünde gegen
den Heiligen Geist, für die es keine Vergebung gibt, nur ewige
Verdammnis!

Wenn früher in meinem Dienst Menschen zu mir in die
Seelsorge kamen und bekannten, sie hätten Angst, gegen den
Heiligen Geist gesündigt zu haben, mußte ich immer schmun-
zeln. Ich sagte ihnen, daß die Angst vor dieser Sünde ein sicheres
Zeichen dafür sei, daß sie sie nicht begangen hätten. Denn
Menschen, die diese Sünde begangen hätten, wären nicht in der
Lage, dies zuzugeben; der Heilige Geist hätte sie bereits verlas-
sen, und darum würden sie überhaupt keine Reue empfinden.
Ich bin überzeugt, daß diese Auffassung richtig ist, doch für jene
Menschen, denen ich zu helfen versuchte, war es schwierig, dies
zu glauben. Und genauso war es nun auch mir scheinbar unmög-
lich, diese Wahrheit zu ergreifen. Der elende Dämon, der mich
in meinen Gedanken und Gefühlen quälte, ließ nicht zu, daß ich

den Betrug erkannte. Ich glaubte wirklich, daß ich zu den wenigen Menschen auf dieser Erde gehörte, die jene unvergebbare Sünde begangen hatten und für die es keine Hoffnung mehr gab.

Selbstmord – ein Ausweg?

Fast unausweichlich kamen mir bald danach die ersten Selbstmordgedanken. Wenn man sowieso schon verloren ist, warum soll man dann seiner Not auf dieser Erde nicht ein Ende setzen? Das ist nur eine logische Folge. Oder noch konkreter, warum sollte man nicht die eigene arme Familie entlasten, nachdem man sie so lange geplagt hatte? Mindestens für sie würde dieser Tod ein Segen bedeuten. Wenn Gott allem Anschein nach nicht bereit war, das Leben lebenswert zu machen, welchen Sinn hatte es dann noch weiterzuleben? Natürlich hegte ich zunächst die Hoffnung, Gott würde mein Leben durch einen normalen Tod beenden. Schließlich gab es mehrere Faktoren, die bei mir zu einem plötzlichen Tod hätten führen können. Wenn ich aufhörte, die Herzmedikamente zu nehmen, würde sich dadurch die Wahrscheinlichkeit eines Herzschlags vergrößern. Es hat große Gottesknechte gegeben, die sich in ihrer Verzweiflung wünschten, daß Gott ihr Leben und ihre Karriere beendete. Zwei fallen mir ein: Elia nach seinem großen Sieg auf dem Berg Karmel und Jona nach seiner Enttäuschung in Ninive. Beide waren tief bedrückt durch das Versagen, das sie in ihrem Dienst erlebt hatten. Doch genausowenig, wie Gott auf das Flehen von Elia und Jona hörte, hörte Er auf mein Flehen.

Über eine Zeitspanne von 18 Monaten hinweg war ich immer wieder versucht, Selbstmord zu begehen. Ich hoffte, daß ich im Falle des Selbstmordes Gottes Vergebung erfahren und von allem Elend befreit werden würde.

Ich weiß, daß diese Offenbarung einige meiner Leser schockieren mag, und ich weiß auch, daß ich diesen Teil meiner Geschichte hätte weglassen können. Ich berichte nicht davon, weil es mir um dramatische Effekte oder Sensation geht. Sondern ich möchte allen Gläubigen helfen, die voller Entsetzen festgestellt haben, daß auch sie auf diese Weise versucht werden, obwohl sie errettet sind.

Vor vielen Jahren, als ich mit entsprechenden Geständnissen von Christen konfrontiert wurde, wies ich diese Möglichkeit in meiner Arroganz und in meinem Stolz weit von mir. Ich glaubte nicht einmal, daß wiedergeborene Christen seelisch krank werden können. Körperliche Leiden bei Christen konnte ich bis zu einem gewissen Grad verstehen, doch wenn Gläubige seelische Probleme hatten, fehlte mir jegliches Verständnis dafür. Wie konnten sie den Heiligen Geist haben und zu gleicher Zeit an seelischen, ja sogar an dämonischen Problemen leiden? Und die Möglichkeit, daß ein Kind Gottes Selbstmord beging, war völlig undenkbar.

Nun, ich will in keiner Weise damit sagen, Selbstmord sei in den Augen des Herrn keine ernste Sache, und ich kann niemandem irgendetwas versprechen, weder hier auf der Erde noch jenseits in der Ewigkeit. Aber aufgrund der Erfahrungen, die ich in den vergangenen Jahren gemacht habe, verstehe ich dieses Problem jetzt viel besser. Ich glaube, daß es möglich ist, an einer seelischen Erkrankung zu sterben, genauso wie auch schwere körperliche Krankheiten häufig zum Tod führen. Menschen können tatsächlich an Depressionen sterben, obwohl ich den Weg, auf dem dies geschieht, niemals verteidigen oder akzeptieren könnte. Die seelischen Kräfte eines schwer depressiven Menschen können so erschöpft sein, daß der Betreffende keine Energie mehr hat, die ihn am Leben hält, und daß er nicht mehr weiß, was er tut. In solchen Momenten der äußersten seelischen Erschöpfung wird der Tod, auch wenn er von eigener Hand herbeigeführt wird, zum einzigen Ausweg.

Man muß die Tiefen der Not, in die eine Seele hineingeraten kann, am eigenen Leibe erfahren haben, um zu dieser Sichtweise zu kommen, und ich denke, ich habe diese Erfahrung gemacht. Ich kann heute nur sagen, daß ich lieber eine körperliche Krankheit haben würde, was immer es auch sei, als jene tiefen seelischen Qualen zu erleiden, die ich erfuhr, als ich in das Tal des Todesschattens hinunterstieg. Ich bin sicher, daß ich ohne Gottes überreiche Gnade und Sein Erbarmen heute nicht mehr am Leben wäre.

Mein Gott, wo bist du?

Auch in einer anderen Weise sterben depressive Menschen. Es handelt sich um einen eher geistlichen Tod, nämlich die völlige Isolation. Man kann mit vielen Menschen zusammensein und in der Gemeinschaft einer Gemeinde und Familie leben, und trotzdem fühlt man sich von jeglicher Kommunikation mit anderen abgeschnitten. Hinzu kommt noch, daß die anderen lieber keine Gemeinschaft mit einem depressiven Menschen haben wollen, weil depressive Menschen eine finstere, negative Atmosphäre verbreiten. Die Mitmenschen fühlen sich einfach äußerst hilflos. Für den depressiven Menschen wird dadurch die Isolation immer größer. Es fiel mir überhaupt nicht schwer, mich mit den Worten des Psalmisten zu identifizieren:

> „Mein Gott, mein Gott, warum hast du mich verlassen? Fern von meiner Rettung sind die Worte meines Gestöhns. Mein Gott, ich rufe bei Tage, und du antwortest nicht; und bei Nacht, und mir wird keine Ruhe." (Ps. 22,1-2)

Natürlich wissen wir alle, daß diese Worte aus dem Herzen des Menschensohnes kamen, als Er von Seinem so sehr geliebten himmlischen Vater verlassen war und am Kreuz litt, um die Strafe für unsere Sünde zu bezahlen. Wir wissen, daß der Grund für Jesu tiefe Not nicht Sein körperlicher Tod war, sondern die Tatsache, daß Er einen Moment lang von der innigen Gemeinschaft mit Seinem Vater getrennt war. Während die Sünden der Welt auf Ihn gelegt wurden, zerbrachen Ihm der Kummer und die Einsamkeit das Herz, und dies bewirkte, daß Er schneller starb, als es sonst bei Kreuzigungen üblich war.

Ich denke nicht, daß es je möglich ist, das Grauen zu beschreiben, daß die Seele empfindet, wenn sich ein Mensch von Gott verlassen und von Seiner Liebe und Seinem Erbarmen getrennt fühlt. Man muß es erfahren, um es verstehen zu können.

„Eine Tiefe ruft die andere", wie es der Psalmist ausdrückt (Ps. 42,8). Dies soll bedeuten, daß nur der, der durchs Feuer gegangen ist, die Hitze und den Schmerz dieser Erfahrung kennt. Es bedeutet auch, daß geistliche Erfahrungen, gute und weniger gute, die wahre Grundlage dafür bilden, daß man dazu in der Lage ist, anderen Menschen zu helfen. Aus diesem Grund heißt es von unserem Heiland, daß Er in allen Dingen versucht wurde, nur ohne Sünde, damit Er denen, die versucht werden, zu Hilfe kommen kann. Wir werden uns später noch ausführlicher mit diesem Prinzip befassen.

Menschlich gesprochen war ich völlig am Ende. Aber trotzdem klammerte ich mich immer noch fest und versuchte, meine Arbeit zu tun. In gewisser Hinsicht war es gut, daß ich noch nicht völlig aufgab. Ich hatte immer noch Kontakt mit Menschen und konnte Beziehungen aufrechterhalten. Doch es hatte auch eine negative Seite. Ich verlor meine Glaubwürdigkeit im Dienst, weil meine Beiträge nur noch aus dem bestanden, was ich vor meiner Krankheit empfangen hatte, ich war nicht in der Lage, etwas Neues zu empfangen. Ich lernte allerdings, daß die Salbung und die Gaben, die Gott Seinen Kindern gegeben hat, erhalten bleiben, selbst wenn ein Mensch seelisch zerbrochen ist. Einige Male während meiner Krankheit erlebte ich sogar, daß Gott meinem Dienst eine außergewöhnliche Salbung schenkte, die größer war, als in den Tagen meiner Gesundheit.

Inzwischen wußten alle, mich eingeschlossen, daß es nicht mehr lange so weitergehen konnte. Meine Familie war nervlich völlig am Ende, meine eigene Müdigkeit und Hoffnungslosigkeit nahmen immer mehr zu, und meine Freunde und Mitarbeiter im Reich Gottes erkannten immer mehr, wie gefährlich es war, mich in diesem Zustand weitermachen zu lassen. Es mußte sich etwas ändern, wenn wir nicht alle in einer Nervenklinik landen wollten.

Kapitel 5

DER TAG, AN DEM ICH „STARB"

Wie bereits erwähnt, war ich bis zu diesem Zeitpunkt immer noch in der Lage, fast alle meine Pflichten zu erfüllen, auch wenn ich sie mit viel weniger Energie tat. Trotzdem wußte ich in der Tiefe meines Herzens, daß ich langsam ans Ende kam. Ich war einfach nur nicht bereit, aufzuhören. Ich fürchtete, daß ein völliger Stillstand das endgültige Ende meines Dienstes und meiner Arbeit bedeuten würden und daß mir dann nichts anderes bliebe, als vom Sozialamt zu leben.

Ich hatte bereits erste Erkundigungen darüber eingezogen, was es bedeuten würde, Sozialhilfe zu empfangen. Ich suchte einige Sozialarbeiter auf, die in unserer Gegend wohnten. Sie müssen sich gewundert haben, daß ich zu ihnen kam und ihnen alle Fragen über das Wie, Was und Wenn stellte. Ich wollte herausfinden, was Arbeitslosigkeit in meinem Fall bedeuten würde. Aus dem, was sie sagten, ging hervor, daß meine Frau und ich ein sehr beschränktes, eingegrenztes Leben würden führen müssen, wenn wir gezwungen wären, alles aufzugeben. Dabei lebten wir in dem Land mit der wahrscheinlich größten sozialen Sicherheit, die es gab.

Ich war inzwischen zu alt, um in einem Land, das eine hohe Arbeitslosenrate hatte, noch hoffen zu können, eine Arbeit zu finden. Außerdem war ich durch mein Herzproblem und die Medikamente, die eine Verlangsamung bewirkten, in gewisser Hinsicht körperlich behindert. Noch viel schlimmer war die Tatsache, daß ich seelisch krank war. Wer würde jemanden wie mich in einem weltlichen Beruf einstellen? Menschlich gesprochen hatte ich absolut keine andere Hoffnung, als Sozialhilfeempfänger zu werden.

Für einen Mann wie mich im Alter von nur 50 Jahren, der einen sehr aktiven und erfolgreichen Dienst hinter sich hatte, war dies eine schreckliche Aussicht. Außerdem war es eine

Schande, weil es ein sehr schlechtes Zeugnis wäre, wenn ich mit meinem Dienst aufhörte. Hier war ein Diener Gottes, der sowohl im eigenen Land wie auch im Ausland sehr bekannt war für sein mutiges Eintreten für das Evangelium und für Gerechtigkeit. Was würden all die Menschen im Leib Christi und außerhalb des Leibes Christi denken und sagen, wenn ein geistlicher Leiter wie ich als Wrack endete? Solche schwerwiegenden Sachverhalte bewegte ich in meinen Gedanken Tag und Nacht hin und her.

Wenn einem von nahestehenden Menschen geraten wird, man solle alles niederlegen, so wie dies bei mir der Fall war, ist dies für diese Menschen vergleichsweise einfach. Doch für den, dem dies vorgeschlagen wird, ist es äußerst schwierig. Ich sage damit nicht, daß meine engsten Freunde im Unrecht waren, als sie schließlich darauf bestanden, ich solle mich von meinem Dienst zurückziehen. Aber aus den oben genannten Gründen war es für mich wie Sterben. Und wer beeilt sich schon zu sterben? Doch der größte Unterschied zwischen denen, die mir den Rat gaben zu „sterben", und mir selber lag darin, daß sie an Gott und Seine Auferstehungskraft glaubten. Ich hingegen hatte allen Glauben verloren und mußte meinem eigenen geistlichen Tod ohne den Glauben entgegensehen, daß es einen Neuanfang geben könne.

Die Treue Gottes

Diese Aussage, daß ich meinen Glauben verloren hatte, muß ich noch ausführlicher erklären, denn es war ein Gegenstand der Kontroverse und ist es bis zu einem gewissen Grad auch heute noch. Einige meiner Freunde hielten beharrlich daran fest, ich müsse meinen Glauben einsetzen, und als ich ihnen antwortete, ich hätte meinen Glauben verloren, sagten sie, dies sei unmöglich, weil ich dann ihrer Meinung nach auch meine Errettung verloren hätte.

Nun, für mich besteht kein Zweifel daran, daß ich meinen Glauben tatsächlich verloren hatte, und ebensowenig habe ich in meinem Verstand Zweifel daran, daß ich meine Errettung nicht verloren hatte, auch wenn meine Gefühle mir dies sagten.

Ich bin der Überzeugung, daß wir charismatischen Christen heute zu viel Gewicht auf unseren eigenen Glauben legen. Einer meiner Freunde hat es so ausgedrückt: Wir haben inzwischen Glauben an unseren Glauben anstatt Glauben an unseren Gott. Für alle, die durch eine Zeit des mangelnden Glaubens gehen, wie ich es tat, habe ich eine gute Nachricht: Gott hat Sie nicht verlassen, genauso wenig wie Er auch mich verließ. Dies ist ebenso wahr wie die Tatsache, daß wir den Herrn in unserem Herzen niemals abgelehnt haben!

Aus der Kirchengeschichte ist bekannt, daß auch Diener Gottes den Glauben verlieren können. Es ist bekannt, daß Hudson Taylor, einer der größten Missionare aller Zeiten, an einem bestimmten Punkt seines Dienstes völlig den Glauben verlor. Er befand sich in einer so tiefen Krise, daß er nicht nur darüber nachdachte, sich von der Mission zurückzuziehen und nach England zurückzukehren, sondern dem Missionsvorstand sogar einen Brief schrieb und darin bat, von allen seinen Pflichten entlassen zu werden. Er war in eine seltsame Finsternis der Seele hineingeraten, aus der er keinen Ausweg mehr sah. Einigen engen Freunden sagte er sogar, daß seine ganze Vision und Berufung ein großer Fehler gewesen seien und daß er niemals nach China hätte gehen und das Missionswerk des Glaubens hätte aufbauen sollen.

Eines Tages, mitten in dieser schrecklichen Zeit, saß er in seinem Haus in China beim Nachmittagstee. Seine Bibel lag dort auf dem Tisch. Schon seit einiger Zeit hatte er sich nicht mehr die Mühe gemacht, im Wort Gottes zu lesen, weil es ihm nicht half und seinen Schmerz nur noch vergrößerte. Doch wie auf einen Impuls hin griff er nach der Bibel, und sie öffnete sich bei 2. Timotheus 2,13: „Glauben wir nicht, so bleibt er treu; er kann sich selbst nicht verleugnen" (Luther). Es war, als wäre Hudson Taylor vom Blitz getroffen worden. Als er diese Worte las, erkannte er plötzlich seinen Hauptfehler. Er hatte alles immer auf „unseren Glauben" gegründet, und wenn er von seinem Werk gesprochen hatte, hatte er es immer eine „Glaubensmission" genannt. Alle Missionare, die im Laufe der Jahre ausgesandt worden waren, waren „durch den Glauben" ausgesandt worden.

Sein Hauptaugenmerk hatte auf „unserem Glauben" gelegen, und darum hatte er versagt. Jetzt erkannte er, daß das Werk auf Gottes Treue gegründet sein mußte und nicht auf unseren Glauben. Von diesem Zeitpunkt an wuchs das Missionswerk in ungeheueren Dimensionen, und Hudson Taylor sprach jetzt nur noch von der Treue Gottes, wenn er über das Werk sprach.

„Glauben wir nicht" kann nur bedeuten, daß es Zeiten geben kann, wo wir keinen Glauben haben, wo einfach kein Glaube mehr in unserem Herzen vorhanden ist. Das bedeutet nicht, daß wir verloren sind, denn „er bleibt treu". Das heißt, daß Gott immer noch den Glauben hat, der uns fehlt, denn selbst wenn wir uns ändern, und das kann häufig geschehen, kann Gott doch nie sich selbst verleugnen. Der Glaube ist nichts anderes als eine Gabe Gottes. Es ist etwas, das von Gott in unseren Herzen geboren wird. Es ist nicht etwas, das wir in uns selbst erwecken könnten, so wie es uns gefällt und wie wir es brauchen. Die Vorstellung von Glauben als einer Kraft, die zu jeder Zeit und in jedem Maß eingesetzt werden kann, so wie es uns angebracht erscheint, ist unbiblisch und nicht in Übereinstimmung mit der Realität der christlichen Erfahrung. Jesus, der Herr, ist der Anfänger und Vollender des Glaubens, Er ist es, der den Glauben erhält und ihn zur Vollkommenheit führt. Und die Vorstellung, wir könnten Glauben haben, ohne unser Leben in Gemeinschaft mit Ihm zu führen, ist falsch. Wir müssen die Last von unseren schwachen Schultern auf Seine Schultern abladen. Es gibt Zeiten, und es wird Zeiten geben, wo völlig deutlich ist, daß uns allein Gottes Gnade davor bewahrt, zu zerbrechen. Und selbst wenn wir uns nicht mehr an Ihm festhalten können, dann wird Er uns immer noch halten.

Der Glaube ist eine wichtige geistliche Qualität, die wir empfangen müssen. Doch wenn es nicht noch eine weitere göttliche Qualität gäbe, die Gnade heißt, dann gäbe es keinen Glauben, den wir ausüben könnten. Es wird uns gesagt, daß wir „aus Gnade … durch den Glauben" (Eph. 2,8) gerettet sind und nicht „aus Glauben durch die Gnade": Gott ist der Initiator von allem. Er ist der Herr von allem. Er hält uns in Seinen Händen, und wir dürfen es nicht wagen, uns auf unser eigenen Verständnis, unsere Erfahrung oder unsere Geistesgaben zu verlassen oder auf die Stärke des Glaubens, den wir vielleicht haben. Als ich nach meiner langen Prüfung durch ein Wunder geheilt wurde, schlug ich einem engen Freund von mir vor, wir sollten doch eine Gnadenbewegung im Leib Christi ins Leben rufen. Er stimmte dieser Idee sofort zu, und darum hat diese neu gebildete geistliche Bewegung zur Zeit schon mindestens zwei Mitglieder: einen, der Gottes mächtige Gnade erfuhr, als alle Hoffnung verloren war, und einen zweiten, der ihm in den letzten Tagen seines Elends half und seelsorgerlich zur Seite stand.

Die Stunde der Entscheidung

Doch zurück zu dem Punkt, wo ich das Gefühl hatte, es sei unmöglich, in meinem Dienst fortzufahren. Am Ende des Jahres 1988, nach zweieinhalb Jahren des Kampfes, hing ich immer noch im Kampfring, war jedoch ernsthaft verwundet und mit blauen Flecken übersät. Etwa zur selben Zeit machte ich auf einer Vortragsreise in Österreich ermutigende Erfahrungen, und ich hoffte, der Wendepunkt würde noch rechtzeitig kommen, so daß ich den endgültigen Zusammenbruch nicht würde erleben und den Dienst nicht würde aufgeben müssen. Doch über Weihnachten und Neujahr wurde mein Zustand sehr schlecht. Es war geplant, daß ich im Januar 1989 zu einem Dienst nach England reisen sollte. Es war das dritte Mal, das die lieben Freunde von „Intercessors for Britain" mich eingeladen hatten. Die beiden vorigen Male hatte ich absagen müssen, darum hatte ich den Eindruck, es sei wichtig, daß ich dieses Mal fuhr. Aber allen, außer mir selbst, war völlig klar, daß ich absolut nicht mehr in der Lage war, zu reisen und zu sprechen.

Zur gleichen Zeit wurde in meiner Gemeinde in Kopenhagen eine Gebetskonferenz abgehalten. Etliche meiner alten Freunde und Mitarbeiter aus der Gebetsbewegung waren als Teilnehmer und Gastredner gekommen. Ich bat sie um Rat und Hilfe, doch in Wirklichkeit wollte ich von ihnen nur hören, daß ich mit meinem Dienst fortfahren konnte. Offensichtlich war die Stunde der Entscheidung gekommen. Diese Brüder, die mich mit so viel

Geduld unterstützt und mich immer wieder in ihr Programm mit eingeschlossen hatten, waren nun zu dem Entschluß gekommen, für mich sei der Zeitpunkt da, alles niederzulegen und mich irgendwohin zurückzuziehen, um Heilung und Hilfe zu suchen. Sie waren nicht mehr bereit, mich bei irgendetwas anderem zu unterstützen.

Es war ein harter Kampf für mich. Angst erfüllte meine Seele, weil ich nicht glauben konnte, was die anderen alle glaubten, daß es nämlich einen entscheidenden Schritt in Richtung Heilung und Wiederherstellung bedeuten würde, alles vor dem Herrn niederzulegen. Ich gab schließlich nach, doch ehrlich gesagt nicht mit willigem Herzen, sondern weil ich erkannte, daß es ohne die Unterstützung meiner Brüder für mich unmöglich war, meinen Dienst fortzusetzen. So viel verstand ich immerhin, doch ich war wie Jakob. Ich war erst dann bereit nachzugeben, als ich erkannte hatte, daß mein Versuch, meine Freunde zu manipulieren, fehlgeschlagen hatte.

Tief enttäuscht hielt ich Ausschau nach einer letzten Möglichkeit, mein Gesicht zu wahren und die Reise nach England nicht absagen zu müssen. Mir kam der Gedanke, daß vielleicht die Herzmedikamente schuld daran seien, daß ich wie im Tran umherlief. Vielleicht würde ich mich erholen, wenn ich diese schweren Geschosse loswerden und andere Medizin nehmen könnte. Darum rief ich Sven Nilsson an, meinen Pastor in Schweden, mit dem ich schon seit langer Zeit befreundet war. Er ist einer der wichtigsten Leiter von Gottes Werk in Schweden. Viele Jahre lang hatte auch ich immer wieder in Schweden gedient, und der Herr hatte uns auf besondere Weise miteinander verbunden, nicht nur was unseren Dienst betraf, sondern auch in einer engen persönlichen Freundschaft. Dieser reife, sanfte und weise Mann Gottes war der erste, an den ich mich hilfesuchend wandte, als alle Schwierigkeiten begannen. Aus diesem Grunde nannte ich ihn meinen Pastor. Ich glaube, wir alle, auch Gottes Diener, brauchen einen Hirten, den wir um Rat fragen können.

Sven ist ein ungewöhnlicher Diener des Herrn. Obwohl er viel Erfahrung und große Weisheit hat, verläßt er sich nie darauf, sondern versucht immer zu hören, was der Herrn in der jeweiligen Situation sagt. Ich weiß noch, wie ich Sven in der Anfangszeit meiner Krankheit in seinem Haus in der Nähe von Orebro in Mittelschweden besuchte und ihm von meiner Not erzählte. Er gab mir keine direkte Antwort, sondern sagte, er würde den Herrn um ein Wort für mich bitten. Dies war für mich äußerst wichtig, da ich nicht voraussehen konnte, was der Herr sagen würde. Ich wußte, daß dieses Wort für mein zukünftiges Schicksal als Diener des Herrn ausschlaggebend sein würde.

Er kam zurück und sagte, der Herr habe ihm ganz deutlich das dritte Kapitel von Sacharja gegeben. Satan klagt den Hohenpriester Josua an, doch der Engel des Herrn führt ihn durch einen Prozeß der Reinigung und erneuert ihn in seiner Berufung und in seinem Dienst. Er würde nicht abgewiesen oder an die Seite gestellt werden, sondern würde auch in Zukunft zusammen mit den anderen Dienern des Herrn im Hause des Herrn wohnen dürfen. Das war das Wort, das sich in meinem Leben erfüllen sollte, und um zu bestätigen, daß es vom Heiligen Geist war, gab der Herr mir denselben Abschnitt, unabhängig von Sven Nilsson, noch durch zwei andere Menschen.

Ich machte einen Reinigungsprozeß durch, doch die Anklagen des Feindes konnten mich nicht von dem Platz im Heiligtum Gottes vertreiben, auf den Gott mich in Seiner ewigen Gnade und Erwählung, zusammen mit meinen Mitknechten, gestellt hatte. Für meinen Freund Sven Nilsson muß es heute eine große Freude sein zu sehen, daß der göttliche Rat, den er mir durch Gottes Geist gab, die Jahre der Schwierigkeiten überdauert und sich zu Gottes Zeit erfüllt hat.

An jenem Morgen, als ich Sven wegen der Medikamente anrief, hörte er mir aufmerksam zu und schloß die Möglichkeit nicht aus, daß die Medikamente falsch eingestellt wären. Er betonte jedoch, daß er seiner Meinung nach nicht die richtige Person sei, um mir in dieser Frage zu helfen, da er kein Arzt war. Dann bat er mich, einen anderen Freund anzurufen, der auch Sven hieß – Sven Reichmann. Er war nicht nur ein hochqualifizierter Arzt, sondern auch einer der besten, mit dem Heiligen Geist erfüllten Bibellehrer Schwedens.

Diesen Sven kannte ich schon recht lange, und als er sich vor einigen Jahren in einer Krisensituation befand, hatte ich die Freude, ihm helfen zu können. Wir hatten uns seit ein paar Jahren nicht mehr gesehen, aber mir war auch schon der Gedanken gekommen, ihn wegen meiner Krankheit zu Rate zu ziehen. Nur hatte ich es nie getan.

Es war Samstagmorgen, als ich Sven Reichmann in Gothenburg anrief. Ich wollte ihn nur nach seiner Meinung über die Herzmedikamente und die richtige Dosierung fragen. Doch als er am Telefon meine Stimme hörte, hätte er sie fast nicht erkannt und merkte sofort, daß etwas nicht stimmte. Er machte den Vorschlag, mich zu besuchen. Er war bereit, seinen vollen Terminplan zu ändern, so daß er 24 Stunden mit uns verbringen konnte.

Als er ankam, war er sehr schockiert von der Veränderung, die er bei mir sah, aber er sagte nicht viel. Er hörte mir einfach nur zu. Er kam zu dem Schluß, daß ich sofort von aller Arbeit freigestellt werden, mit ihm kommen und bei ihm und seiner Frau bleiben müsse. Seine Frau ist Krankenschwester. Sie würden meine Depression sowohl medikamentös als auch geistlich behandeln.

Das hieß jedoch, daß ich meine Reise nach England absagen müßte. Ich erinnere mich noch, wie ich Sven Reichmann davon erzählte und als Argument anführte, es sei ein Glaubensschritt, diese Reise zu unternehmen. Ich habe nie vergessen, was er daraufhin antwortete. Er erklärte, es würde mehr Glauben erfordern, alles niederzulegen und sich einer richtigen Behandlung zu unterziehen, als in England zu dienen. Mich traf die Erkenntnis, daß sich Glaube nicht nur darin zeigt, daß man Zeichen und Wunder vollbringt. Der größte Ausdruck von Glauben besteht darin, daß wir bereit sind zu „sterben“, unser eigenes Leben aufzugeben und darauf zu vertrauen, daß Gott uns in Seiner Kraft wieder aufrichten wird, damit wir das tun können, was Er für uns geplant hat.

Unter den Glaubenshelden gab es nicht nur Menschen, die große Wunder vollbrachten, Königreiche eroberten und Löwen den Rachen verschlossen, sondern auch Menschen, die

„gefoltert (wurden), da sie die Befreiung nicht annahmen, um eine bessere Auferstehung zu erlangen. Andere aber wurden durch Verhöhnung und Geißelung versucht, dazu durch Fesseln und Gefängnis. Sie wurden gesteinigt, verbrannt, zersägt, starben den Tod durch das Schwert, gingen umher in Schafpelzen, in Ziegenfellen, hatten Mangel, Drangsal, Ungemach" (Hebr. 11,35-37).

Und trotzdem wurden sie zu den größten Glaubenshelden gerechnet.

Es stimmt, daß es mehr Glauben erfordert, zu leiden und zu sterben, als große Taten zu vollbringen. Der Höhepunkt des Glaubens in Hebräer 11 ist die Geschichte Abrahams, der seinen einzigen Sohn durch den Glauben opfert und die wichtigste Frucht seines Lebens auf den Altar legt. Dieses Ereignis ist natürlich ein Vorausbild für die größte Glaubenstat der ganzen Geschichte: Jesus, der Herr, Gottes einziger Sohn, gab freiwillig, ohne daß Ihn jemand dazu zwang, Sein eigenes Leben am Kreuz hin, weil Er Seinen Vater und uns alle so sehr liebte!

So gab ich schließlich nach. Ich kann nicht ehrlichen Herzens sagen, daß ich bereit war, mein Leben freiwillig oder durch den Glauben zu geben, aber ich hatte wenigstens den Punkt erreicht, wo ich durch den Druck der Umstände erkannte, daß es keinen anderen Weg gab. Wenn ich damals weitergemacht hätte, wäre alles zerstört worden, einschließlich meiner gequälten Frau und meiner Familie. Darum griff ich nach dem Telefonhörer, um in England abzusagen. Ich hatte meine Frau bereits wissen lassen, daß ich damit jeglicher weiteren Möglichkeit, von meinen englischen Freunden noch einmal eingeladen zu werden, Lebewohl sagte. Als ich Ray Borlase, den Direktor der „Intercessors for Britain" am Telefon hatte, erklärte ich ihm meine Situation und entschuldigte mich. Zu meiner großen Überraschung drückte er mir sehr liebevoll sein Verständnis aus und versprach mir die Gebetsunterstützung all seiner Freunde. Kurz danach erhielt ich sogar eine Geldgabe, die uns in unserer Situation helfen sollte. Es gab keinen Bruch in der Beziehung – das war nur eine Angst

gewesen, die der Feind der Seelen in meine Gedanken hinein-
gelegt hatte.

Flucht vor Gott

Ich werde nie den Tag vergessen, an dem ich mein Zuhause
verließ und mich auf die Reise zu Sven und Marianne in Gothenburg machte, wo ich auf unbegrenzte Zeit bleiben sollte. Als
ich mich von meiner Frau verabschiedete, wußte ich nicht, wann
ich sie wiedersehen würde und ob überhaupt. Mir ging es sehr
schlecht, als ich bei Sven eintraf.

Als ich durch die Haustür schritt, kam mir ein Bibelwort in
den Sinn. Es waren nur zwei Sätze aus Lukas' Bericht von Jesu
Versuchung in der Wüste: „Und als der Teufel jede Versuchung
vollendet hatte, wich er für eine Zeit von ihm. Und Jesus kehrte
in der Kraft des Geistes nach Galiläa zurück" (Lk. 4,13-14). Ich
weiß noch, wie ich, als mir dieses Wort kam, einen tiefen Seufzer
ausstieß. Oh, wenn ich das nur auch erleben könnte, wenn der
Teufel sein Folterwerk nur für eine Weile beenden würde, damit
ich wieder normal atmen und ein wenig Kraft gewinnen könnte!
Aber ich glaubte nicht wirklich daran. Ich war inzwischen weit
entfernt von jeglicher Hoffnung auf Befreiung. Ich hatte mich
sogar damit auseinandergesetzt, den geistlichen Dienst für immer zu verlassen. Ich hoffte, daß eine Besserung eintreten würde, wenn der religiöse Druck erst einmal von mir genommen
wäre. Ich konnte mir langsam vorstellen, daß ich als normaler
Mensch mit einem normalen weltlichen Beruf leben würde.

Während jener Jahre der Not beneidete ich oft unsere Nach-
barn, die sich nicht einmal Christen nannten, aber die fröhlich-
sten und liebevollsten Menschen waren, die man sich vorstellen
kann. Sie führten ein sehr harmonisches Leben. Ich fing mich
an zu fragen, ob es sich wirklich lohnte, dem Herrn zu folgen.
Ich hatte nur noch einen Wunsch, ich wollte so weit wieder zu
Kräften kommen, daß ich mir eine einfache Arbeit suchen und
zusammen mit meiner Frau bis zum Ende unserer Tage ein ganz
normales Leben führen konnte. Ich wollte nicht mehr predigen,
nicht mehr versuchen, mein Leben nach jenen hohen Normen

auszurichten, wollte nicht mehr unter dem Druck leben, den der geistliche Kampf und der schweren Dienst der Fürbitte mit sich brachte, ich wollte mir keine Gedanken mehr über Nationen machen, über das Böse in der Welt. Ich wollte nur einfach ein stilles Leben führen, fern von allen Konflikten.

Weil man als Diener des Wortes Gottes eine sehr hohe Verantwortung hat, hatte ich ein sehr sensibles Gewissen. Auch unter dieser Last wollte ich nicht mehr taumeln. Fast hätte ich in meinem Herzen sogar mit dem Gedanken gespielt, den Herrn ganz zu verlassen und ein Nicht-Christ zu werden, schließlich wäre mein Leben dann viel entspannter gewesen. Mindestens dachte ich das, obwohl ich natürlich tief innen wußte, daß es nicht so leicht ist wegzulaufen, wenn man erst einmal zum Herrn berufen ist.

Dies offenbart die Geschichte von Jona. Er wollte Gott zwar nicht völlig verlassen, aber er setzte zweifellos alle Kraft ein, um vor seiner Berufung und einem Leben im Willen Gottes zu fliehen. Er bezahlte sogar Geld dafür, um in die entgegengesetzte Richtung fliehen zu können und nicht dorthin zu gehen, wohin der Herr ihn berief. Doch der Herr änderte Jonas Reisepläne, und Jona mußte am Ende erkennen, daß es alles andere als leicht ist, von Gott wegzulaufen.

Das war auch meine Erfahrung. Aber ich hegte Bitterkeit gegen den Herrn in meinem Herzen. Ich hatte das Gefühl, daß Er mich ungerecht behandelte, besonders wenn man bedenkt, daß ich Ihm fast mein ganzes Leben lang treu gedient hatte, seit fast 20 Jahren sogar vollzeitlich. Warum ließ Gott es dann zu, daß ich so lange leiden mußte, warum hörte Er nicht auf die Gebete von so vielen Menschen? Ich wußte, daß ich dem Herrn in einigen Bereichen nicht gehorsam gewesen war und eine Züchtigung brauchte. Aber wenn der Herr mich für das, was ich getan hatte, töten wollte, dann müßte Er fast alle Seine Diener töten!

Die Reichmanns nahmen mich mit viel Liebe auf und boten mir an, daß ich auf unbegrenzte Zeit bei ihnen wohnen könne. Sie nahmen sich Zeit, mit mir zu reden, wann immer ich den Wunsch dazu verspürte, selbst wenn es mitten in der Nacht war.

Das war etwas, was ich mehr als alles andere brauchte, und ich war sehr dankbar dafür. Sven teilte mir mit liebevollen Worten mit, daß ich mit einem starken antidepressiven Mittel behandelt werden und daß mich dies sehr schläfrig machen würde, besonders am Anfang. Ich müsse akzeptieren, daß ich in den ersten Wochen noch keine Besserung würde merken können.

Bis zu dem Zeitpunkt war ich nicht bereit gewesen, Medikamente für meinen seelischen Zustand zu nehmen. Ich hatte mich dem sogar stark widersetzt. Nie hatte ich erlebt, daß solche Medikamente irgendjemandem geholfen hatten, und aus der Seelsorge kannte ich Fälle, wo sie die Situation sogar noch verschlechtert hatten. Als meine Heilung kam, war es ein völliges Wunder, das über Nacht geschah, und es kann nur der Kraft des Heiligen Geistes zugeschrieben werden. Trotzdem glaube ich, daß auch die Medikamente geholfen haben.

Während der Behandlung erkannte ich, daß Depressionen nicht nur geistlicher oder dämonischer Natur sind, sondern daß es auch eine physische Komponente gibt. Im Gehirn eines depressiven Menschen fehlt eine wichtige chemische Flüssigkeit, die normalerweise zur Übermittlung von Impulsen zwischen verschiedenen Gehirnteilen dient. Die fehlende chemische Substanz kann durch Medikamente ersetzt werden, was in vielen Fällen eine große Erleichterung und zumindest eine Schwächung der Depression bewirkt. Ich denke, daß mir in dieser Weise geholfen wurde und daß die medikamentöse Behandlung zu meiner endgültigen Befreiung führte. Darum glaube ich, daß ich Buße tun muß für meine bisherige harte Haltung in dieser Frage, auch wenn ich nie zu der Gruppe derer gehörte, die vollkommen dagegen waren, daß Christen Medikamente nehmen.

Theologisch gesehen widerspricht es sich in meinen Augen nicht, Glauben zu haben und Medikamente zu nehmen. Ich bin gegen einen übermäßigen Gebrauch von Medikamenten und den Mißbrauch derselben, und ich mißbillige es, wenn Ärzte Schmerzmittel verschreiben, in begrenzter Menge, nur um die Beschwerden der Patienten zu mindern. Leider haben die Ärzte heute aufgrund von Streß und Druck oft nicht genügend Zeit, um sich um die kranken Menschen zu kümmern oder ihnen die richtige Medizin zu verschreiben. Oft fehlt auch ausreichende Nachsorge, um zu überprüfen, wie der Patient die Medizin verträgt. Nachdem ich dies gesagt habe, ist es mir wichtig, noch einmal zu unterstreichen, daß der normale Gebrauch von Medizin kein Zeichen von Unglauben ist und den Herrn nicht daran hindert, göttliche Heilung zu geben. Selbst Psychopharmaka können hilfreich sein, auch wenn sie vielleicht nur die Symptome einer seelischen Krankheit mindern und nicht die eigentliche Ursache heilen.

Sven sagte mir, ich solle nicht auf eine schnell Änderung hoffen, sondern mich vielmehr auf einen Heilungsprozeß einstellen, der sechs bis acht Monate dauern könnte. Ich denke, er sagte dies, um zu verhindern, daß ich die Behandlung vorzeitig abbrach, so als würde er meine wahre Natur kennen. Es sah nun so aus, als hätte ich noch einen langen Weg zu gehen, bevor ich auf Befreiung hoffen konnte, wenn es überhaupt Hoffnung in der Richtung gab. Doch der Herr sollte schon bald all meine negativen Erwartungen und sogar die medizinischen Vorhersagen auslöschen.

Gottes Zeitplan

Zwei Wochen vergingen, ohne daß sich große Veränderungen zeigten. Was mir während dieser Zeit am meisten half, war die Bereitschaft von Sven und Marianne, sich mit mir hinzusetzen, mit mir zu reden und zu beten, ohne daß sie mir dabei das Gefühl gaben, daß ich irgendetwas glauben, daß ich Fortschritte machen, etwas proklamieren und kämpfen müsse. Auch wenn diese Zeiten mir keine erkennbare Hilfe brachten, so konnte ich doch in der Gewißheit ruhen, daß ich von ihnen weder disqualifiziert war, noch daß sie die Zeit, die sie für mich einsetzten, als großen Verlust betrachteten. Ich glaube, daß dies, im innersten Kern, die Liebe Gottes ist, die uns erlaubt zu atmen und uns zu entspannen, selbst wenn wir unfähig sind, an irgendeinem Punkt Fortschritte vorweisen zu können. Aus meiner eigenen Erfahrung als Pastor weiß ich, wie erfolgsorientiert wir selbst in der Seelsorge an notleidenden Menschen sein können. Irgendwie erlaubt uns unser voller Terminplan nicht, mit den Menschen, die zu uns kommen, Zeit zu verbringen und einfach mit ihnen zusammen zu sein, ohne dabei zu erwarten, daß große Dinge geschehen. Wir betrachten alles, wo sich nicht mehr und weniger sofort sichtbare Ergebnisse zeigen, als eine Verschwendung kostbarer Zeit, und erkennen nicht, daß Gott kam, um mit uns zu sein, und zwar nicht in erster Linie, um Ergebnisse hervorzubringen, sondern um sich mit uns in unserer großen Not zu identifizieren.

Natürlich spreche ich nicht von Situationen, wo Menschen nur die Zeit des Pastors ausnutzen wollen. Solche Menschen sollten zum Schweigen gebracht werden. Doch in der Seelsorge müssen wir unseren Freuden in Not irgendwie vermitteln, daß wir sie lieben. Und diese Gewißheit zeigt sich für sie sehr oft darin, daß wir Zeit für sie haben. Die Reichmanns versuchten in der Zeit, die wir gemeinsam verbrachten, nicht, verschiedene geistliche Therapien mit mir durchzuarbeiten. Das hatte ich bereits alles gemacht, und es hatte mir nicht geholfen. Wir kamen einfach im Gebet und im Lobpreis vor den Herrn, und es wurde nicht der Versuch unternommen, bestimmte, vorher festgelegte Ergebnisse zu erzielen.

Für mich war dies eine wunderbare Behandlung. Geduld und Liebe waren für mich die „Medizin", die in mir neue Hoffnung weckte, eines Tages wieder gesund zu sein. Auch der Gedanke, daß Gott für alles einen bestimmten Zeitplan hat, war in sich selbst schon sehr hilfreich, wenn auch schwer zu akzeptieren. Vor vielen Jahren lernte ich ein kleines Lied, das eine wichtige Wahrheit enthält: „Gott tut alles, was Er will, zu Seiner eignen Zeit!" Es ist schwer zu lernen, auf Gott zu warten. Ich mußte länger warten, bis meine Heilung kam, als ich es aus mir selbst heraus vermochte. Ich sage damit nicht, daß alle so lange warten müssen wie ich, aber ich glaube schon, daß es ein Teil des Heilungsprozesses ist, zu lernen, geduldig zu sein und auf Gottes Zeit zu warten. Schließlich wurde die Verheißung an Abraham durch „Glaube und Geduld" erfüllt: nicht nur durch Glaube, wobei man noch an „handeln" denken könnte, sondern auch durch Geduld, was „warten" bedeutet. „Die auf den Herrn harren, kriegen neue Kraft" (Jes. 40,31 – Luther). Wir können nicht erklären, warum wir auf den Herrn warten müssen. Es ist eines der Geheimnisse. In meinem Fall jedoch wurde später deutlich, warum der Herr mir nicht sofortige Heilung schenkte. Es gab etwas, was nach Seinem Plan in meinem Leben noch geschehen mußte, bevor mir Seine Heilungskraft zum Segen werden konnte.

Ein ehrliches Herz

Die Zeit verstrich, während ich in dem Haus an der Westküste Schwedens lebte und meine Behandlung fortgesetzt wurde. Auch wenn ich mich körperlich etwas besser fühlte, weil ich unter besserer medizinischer Fürsorge und Kontrolle stand, ging es mir geistlich nicht besser. Im Gegenteil, es ging weiter abwärts.

Zwei Wochen nach meiner Ankunft war Freitag, der 24. Februar 1989. Dieser Tag sollte der schrecklichste Tag meines fünfzig Jahre währenden Lebens werden. Am Morgen gingen die Reichmanns zur Arbeit, und ich war allein. Es war der Tag, an dem ich aufgab. Am Nachmittag weinte ich zwei Stunden lang und schrie zum Herrn, Er möge mich aus diesem Abgrund herausholen. Es war der letzte Ausbruch von Zorn und Bitterkeit. Am liebsten wäre ich in die Küche gegangen, hätte eines der großen Messer genommen und mich selbst damit erstochen. In mir war alles nur noch ein einziges seelisches Chaos, und ich wußte, daß ich am Ende war. Ich weiß noch, wie ich dem Herr sagte, wenn Er mich, Seinen Diener, wirklich so gern los sein wollte, dann würde ich Ihm jetzt nicht mehr widerstehen. Ich war bereit, völlig aufzugeben.

An diesem Nachmittag fühlte ich mich wie Abraham, als er seinen noch jungen Sohn Isaak mit auf den Berg nahm, um ihn als Brandopfer vor dem Herrn zu opfern. Ich war an dem Punkt, wo ich endlich bereit war, meinen Dienst und meine Berufung niederzulegen und nicht mehr zu versuchen, sie durch eigene Bemühung aufrecht zu erhalten. Allerdings hatte ich auch gar keine Wahl mehr. Selbst wenn ich noch hätte weitermachen wollen, hätte ich es einfach nicht gekonnt. Ich war am Ende. Deshalb war mein „Opfer" nicht in dem Sinne ein Opfer wie bei Abraham. Es war eher wie bei Jakob, der in seinem Kampf mit dem Engel des Herrn als letztes noch auf die Hüfte geschlagen wurde.

Trotzdem gebrauchte ich in meinem letzten Kampf die Worte Abrahams. Ich sagte dem Herrn, daß ich mein Leben und meinen Dienst auf den Altar legen, das Messer erheben und sie töten würde – Er wäre der einzige, der mich davon abhalten und meine Hand zurückhalten könne, so wie Er es bei Abraham tat. Wenn Er nicht vor dem nächsten Morgen, Samstag, dem 25. Februar, eingegriffen hätte, dann würde ich mich an die Schreibmaschine setzen und zwei Rücktrittsbriefe schreiben, einen an meine Gemeinde in Kopenhagen, wo ich immer noch als Pastor angestellt war, und einen an den Vorstand der „Intercessors International", wo ich als internationaler Koordinator diente. Ich hätte keine andere Wahl und würde alle geistliche Arbeit verlassen und von Sozialhilfe leben, bis ich eine andere Arbeit fände. Es war mir toternst damit, und ich war davon überzeugt, daß ich Gott nie wieder in Seinem Hause dienen würde.

Und nun fing ich an, Gott für Sein scheinbar mangelndes Interesse an meinem Fall anzuklagen. Ich hätte mich am liebsten vom Ihm abgewandt, weil Er zugelassen hatte, daß ich zum allgemeinen Gespött geworden war. Mein Leben hatte einen Gang genommen, der allem widersprach, was ich so mutig gepredigt hatte, und die Menschen um mich herum konnten mit Recht fragen: „Wo ist nun sein Gott?" Wenn Gott es so haben wollte, dann bitte schön, aber mit mir konnte Er nicht mehr rechnen. Wenn das die Art war, wie Er mit Seinen Dienern umging, dann wollte ich mich meilenweit von Ihm und Seinem Reich distanzieren. Ja, mein Herz war voll Rebellion. Doch ich bin sicher, daß Gott aufgrund meiner großen seelischen Probleme meine Reaktion folgendermaßen einstufte: „Vergib ihm, denn er weiß nicht, was er tut!"

Ich möchte noch etwas zu diesem Thema sagen. Ich glaube nicht, daß Gott Angst davor hat, wenn wir vor Ihm äußern, was wir denken, selbst dann nicht, wenn wir das, was Er in unserem Leben tut oder zuläßt, mißbilligen. Ich habe oft Jona bewundert, nicht wegen seiner Rebellion, aber wegen seiner Unverblümtheit. Und ich bewundere Gott, daß Er Jona so reden ließ, ohne Feuer vom Himmel zu fallen zu lassen und ihn zu vernichten. Jona antwortete auf Gottes Berufung mit einem klaren: „Nein, Herr!". Ich glaube jedoch, daß er dies aus tiefer Unkenntnis und religiösen Vorurteilen heraus tat. Gott vernichtete ihn deswegen nicht, sondern Er korrigierte ihn.

Auch Jona reagierte mit Bitterkeit, als er sah, wie Gott ihn „betrog" und die Prophetie, die er über Ninive ausgesprochen hatte, nicht erfüllte, sondern stattdessen der Stadt vergab. Er klagte Gott sogar an und sagte, er habe mit Recht von Anfang an geglaubt, Gott würde Sein Gerichtswort sowieso nicht ausführen. Deshalb wäre er, Jona, auch vor dem Auftrag geflohen. Jona meinte, Gott habe es in Seinem Handeln an Logik fehlen lassen. Die Antwort des Herrn auf diese Anklagen bestand nur in der Frage, ob Jona nicht meine, Er, der Herr, sollte jetzt, wo die Leute von Ninive aufrichtig Buße getan hatten, kein Erbarmen mit all diesen Menschen haben.

Ein ehrliches Herz und einen ehrlichen Sinn verachtet Gott nicht. Ich glaube, daß Er religiöse Verstellung und Heuchelei viel schlimmer findet. Entsprechend kann Gott Menschen, die kalt sind, eher ertragen, auch wenn Er lieber möchte, daß sie warm sind. Die Lauwarmen sind in Gottes Augen widerlich. Er hat vorausgesagt, daß Er sie aus Seinem Munde ausspeien wird. Es ist viel besser, Gott zu sagen, wie wir uns fühlen, als vorzugeben, alles sei in Ordnung, wenn wir uns in Wirklichkeit über den Herrn ärgern.

In gewisser Weise spürte ich an jenem Freitagabend ein Gefühl der Erleichterung, als ich mich endlich abgefunden, als ich dem Herrn gesagt hatte, wie ich mich fühlte und bereit war, meine Aufgaben niederzulegen und das religiöse Leben völlig hinter mir zu lassen. Ein Teil des Drucks fiel von mir ab, aber ich war fürchterlich erschöpft und beschloß, ein paar zusätzliche Schlaftabletten zu nehmen, damit ich bis zum nächsten Morgen durchschlafen konnte – dem Morgen des ersten Tages, an dem

ich nicht mehr Gottes Diener sein würde. Nur etwas sehr Ungewöhnliches, etwas Wunderhaftes, würde jetzt noch die Richtung
meines Lebens ändern können.

Kapitel 6

DIE HEILIGEN SIND DIE HERRLICHEN

Seit meiner Heilung bezeuge ich ständig, daß die Heilung Gottes souveränes Handeln war und daß kein Mensch, am allerwenigsten ich selbst, daran Anteil hatte. Wir hatten alle unser eigenes Bemühen aufgegeben. Ich weiß, daß eine solche Aussage sehr calvinistisch klingt, doch dieser Teil des Calvinismus', der besagt, daß alle Last auf dem Herrn liegt und Ihm alle Ehre und Macht zuzuschreiben ist, ist wahr und biblisch. Alle Kinder Gottes müssen dies bejahen, einschließlich wir Charismatiker, die wir uns so sehr auf die Gaben und Manifestationen des Heiligen Geistes verlassen. Ich glaube inzwischen sehr an die Souveränität Gottes und habe ein völlig neues Vertrauen, eine neue Freiheit und Freude im Herrn, weil ich weiß, daß Er die Schlüssel und die Macht hat, selbst wenn wir in Schwierigkeiten sind und uns nicht mehr an Ihm festhalten können. Dies heißt jedoch nicht, daß damit unsere Verantwortung, zu antworten und zu gehorchen, beendet wäre. In meiner Heilungsgeschichte spielen einige Menschen eine besondere, wichtige Rolle, obwohl keiner von ihnen mich letztlich zur Heilung führen konnte. Diese Kinder des lebendigen Gottes harrten mit mir in Liebe und im Gebet aus. Die größte Unterstützung erhielt ich von meiner wunderbaren Frau und meinen drei Kindern, die bis zum Ende mit mir litten, selbst dann noch, als die meisten anderen schon aufgegeben hatten.

Die Liebe der Familie

Meine Frau Erna ist wirklich ein besonderer Mensch. Fast hätte ich gesagt, daß sie das auch sein muß, um mit einer Person wie mir auskommen zu können. Sie hat nie zu den Frauen in der Gemeinde gehört, die sich viel äußerten oder auf andere zugingen. Sie steht lieber nicht im Rampenlicht, und sie hat kein

Interesse an irgendwelchen geistlich feministischen Bewegungen in der Kirche. In diesem Punkt ist sie einer Meinung mit ihrem Mann, obwohl ich nie versucht habe, sie in dieser Frage zu beeinflussen. Sie möchte einfach der biblischen Sicht dessen entsprechen, was es heißt, Frau zu sein, Frau und Mutter, und sie hat nie geglaubt, daß wir in unserer heutigen Zeit Gottes klares und unmißverständliches Wort verbessern oder auf die moderne Zeit ummünzen müßten. Sie hat mir immer gesagt, daß wir am Ende alle zu der Erkenntnis kommen werden, daß Gott weiser ist als wir.

Die Worte des Apostels Petrus sind eine gute Beschreibung meiner Frau:

> „Euer Schmuck sei nicht der äußerliche … sondern der verborgenen Mensch des Herzens im unvergänglichen Schmuck des sanften und stillen Geistes, der vor Gott sehr köstlich ist. Denn so schmückten sich auch einst die heiligen Frauen, die ihre Hoffnung auf Gott setzten und sich ihren Männern unterordneten" (1. Petr. 3,3-5).

Niemand soll meinen, daß meine Frau schwach sei und daß es ihr an Standfestigkeit fehle. Sie ist auf Bornholm geboren, einer Insel, die in Dänemark auch die „Felseninsel" genannt wird, und ich kann bezeugen, daß meine Frau viel von dem Charakter des wahren Felsens, Jesus Christus, an sich hat. Durch die Gnade Gottes hat sie die schwerste Prüfung bestanden, sie ging durchs Feuer und hatte, als sie herauskam, nicht einmal Brandgeruch an sich.

Das erste Jahr unserer Prüfung war für sie äußerst schwierig, die Finsternis in mir brachte sie zweimal an den Rand des seelischen Zusammenbruchs. Wir erwogen ernsthaft die Frage, ob sie von zu Hause weggehen müsse, um sich behandeln zu lassen. Ich bat den Leiter unserer Gemeinde, zusammen mit seiner Frau zu uns zu kommen. Sie blieben stundenlang, nahmen meine Frau in den Arm und beteten mit ihr. Von einer Sekunde zur anderen wurde sie von dem großen Druck, unter dem sie stand, befreit, und so brauchte sie keine Behandlung in der Klinik.

In der Zeit der größten Dunkelheit gab der Herr meiner Frau den Glauben Abrahams. Wir wissen, wie Abraham Gott vertrauen und Seinen Verheißungen glauben konnte, selbst als die Verheißung der Geburt eines Sohnes absolut unmöglich erschien. Auf einmal war in Erna der feste Glaube erwacht, daß ich eines Tages einen Durchbruch erleben und geheilt sein würde. Von dem Moment an konnte nichts ihr tiefes Vertrauen auf Gott erschüttern, und am Ende wurde ihr Glaube weit über alle Vorstellungen hinaus belohnt.

Was kann ich noch sagen? Kein anderer Mensch hat in unserer Situation so gelitten wie sie, nicht einmal ich selbst. Depressive Menschen sind in gewissem Maße durch die Tatsache geschützt, daß sie in ihrer seelischen Not nicht fähig sind, zu erkennen, wie es wirklich um sie steht. Sie wissen nicht, wie weit sie sich von sich selbst entfernt haben. Was die Möglichkeit des Selbstmordes betrifft, ist daher die gefährlichste Zeit die, wenn sich der depressive Mensch auf dem Weg aus der Dunkelheit heraus befindet, langsam wieder zu Sinnen kommt und erkennt, wie krank er ist. Einen seelisch kranken Partner zu haben, die Person zu sein, die ihm am nächsten steht, fast drei Jahre lang 24 Stunden pro Tag mit ihm zusammenzuleben, bedeutet unbeschreibliches Leiden. Erna hörte nicht auf, mich zu lieben, sie blieb an meiner Seite, sie mußte nicht nur mich ertragen, sondern sich außerdem noch um die Angelegenheiten der Familie kümmern. Durch die Gnade Gottes war sie dazu in der Lage, und unsere Liebe und Freundschaft haben sich vertieft.

Wenn ein Mann erlebt, wie es mit ihm bergab geht, so wie es bei mir der Fall war, gibt es einen Punkt, der ihn besonders tief schmerzt. Es ist die Angst, daß das Image, seinen Kindern ein guter Vater zu sein, zerstört wird. Wenn ich an jene Jahre des Schmerzes zurückdenke, erinnere ich mich noch an die große Traurigkeit, die ich empfand, weil meine Kinder ihren berühmten Prediger-Vater in solch einem Zustand der Angst und des Selbstmitleids erleben mußten. Ich fürchtete, daß sie allen Respekt vor mir, dem Diener Gottes, aber vor allem vor mir, ihrem

Vater, verlieren würden. Ich weinte vor ihnen, flehte sie an, für mich zu beten, quälte sie mit vielen Fragen und erwartete, daß sie sie mir beantworten konnten. Hinterher schämte ich mich schrecklich und dachte, sie hätten alle Achtung vor mir verloren. Daß meine Kinder erleben mußten, wie dieser ehemals so starke und zuversichtliche Mann, auf den sie stolz gewesen waren, nun weinte und heulte, wie ein geprügelter Hund, versetzte meinem männlichen Stolz einen fürchterlichen Schlag.

Doch all meine Angst war grundlos. Sowohl Per, mein Sohn, als auch Henriette und Anne-Christina versicherten mir in dieser langen Zeit immer wieder, daß sie mich nach wie vor liebten. Sie sagten mir sogar, es sei für sie eine bewegende Erfahrung, zu sehen, daß ihr Vater, der bekannte Prediger, genauso ein Mensch und genauso schwach war wie alle anderen auch. Wir erlebten tatsächlich eine tiefere Gemeinschaft als vorher. Sie war nicht mehr auf Fähigkeiten und Erfolg im Leben aufgebaut, sondern auf einem zerbrochenen Herzen, auf der Demut, die erwächst, wenn man aller Dinge entkleidet worden ist. Natürlich konnten mir meine Kinder bei meinen Fragen nicht helfen, sie konnten mir nicht erklären, warum ich all dies erleiden mußte. Aber ihre fortwährende Liebe und Unterstützung, ganz gleich, wie es mir ging, war etwas, was tief in mir, in meinem innersten Menschen, eine Flamme der Hoffnung aufflackern ließ. Ich preise Gott für meine Familie. Ohne ihre anhaltende Liebe und Unterstützung hätte ich es nicht geschafft.

Die Macht des Gebets

Wie viele wissen, bin ich seit mehreren Jahren im Gebetsdienst tätig, und darum habe ich, mehr als einige andere, die Kraft des fürbittenden Gebets schätzen gelernt. In meiner kurzen Lebenszeit bin ich Zeuge geworden, wie Nationen und Regierungen durch die Fürbitte des Volkes Gottes rund um die Welt geformt und verändert wurden. Das hat mich dazu bewegt, dem Gebet in meinem Dienst eine hohe Priorität einzuräumen. Und dann geriet ich, der Leiter einer der großen Gebetsbewegungen der Welt, in eine Situation hinein, wo ich nicht einmal mehr für meine eigene Befreiung beten konnte.

Diese Tatsache wurde für einige meiner Freunde in der christlichen Welt tatsächlich zum Stein des Anstoßes. Wie konnte der Leiter einer Gebetsbewegung so tief hinabsinken? Warum konnte er für sich selbst nicht die Freiheit erbeten, wo er doch so mächtig für Nationen und noch größere Anliegen hatte beten können? Auch wenn ich zugeben muß, daß sie recht hatten, kam es mir doch so vor, als wäre ihre Haltung der von Hiobs Freunden ähnlich gewesen. Diese hatten immer wieder Hiobs Motive in Frage gestellt und sein Vertrauen auf Gott untergraben. Nun, ich hege keine Vorwürfe gegen jene kleine Gruppe von Menschen, die aus Unwissenheit heraus so sprach. In Gottes mächtigem Heilungswirken wurde ich vollkommen von aller Bitterkeit gegen alle Menschen befreit.

Aber ich möchte an dieser Stelle ein Wort der Warnung laut werden lassen für alle, die mit depressiven Menschen zu tun haben. Wenn Sie nicht wissen, was Sie sagen sollen, und wenn der Herr Ihnen keinen Schlüssel gegeben hat, um Ihren gequälten Bruder zu befreien, dann sagen Sie bitte gar nichts. Werden Sie nicht zu einem „Freund Hiobs". Solche Freunde braucht Ihr Bruder in Not nicht. Im Kampf gegen all die Feinde seiner zerschlagenen Seele steht er schon an genug Fronten. Stellen Sie sich nicht zu dem „Ankläger der Brüder", der die Christen Tag und Nacht verklagt. Wenn Ihre Methode oder Therapie keine Besserung bringt, dann geben Sie dafür bitte nicht dem Patienten die Schuld. Richten Sie Ihren Blick lieber auf Ihr eigenes Versagen, dem Notleidenden zu helfen, und suchen Sie den Herrn, damit Er Ihnen bessere Antworten für die Not des Menschen gibt, der sich in seiner tiefen Verzweiflung und in seinem Elend nicht selbst helfen kann.

Keine Methode oder Therapie, mit der andere versuchten, mir zu helfen, hatte Erfolg. Dies soll nicht heißen, daß diese Wege bei anderen Menschen nicht zur Heilung führen können. Aber was mich betrifft, so habe ich aufgehört, an irgendeine bestimmte Methode zu glauben. Ich glaube an Gott als eine lebendige Person. Die Therapien halfen zwar nicht, aber ich bin zutiefst davon überzeugt, daß alle Gebete, selbst die kleinsten und schwächsten, zu meiner Befreiung mit beigetragen haben. Gott liebt die Gebete Seiner Heiligen. Zwei Dinge sind Ihm besonders wichtig: die Gebete Seines Volkes und die Tränen Seiner Heiligen.

In Kapitel 8 der Offenbarung wird uns gesagt, daß die Gebete der Heiligen in goldenen Schalen vor dem Thron Gottes aufbewahrt werden. Vermischt mit dem Weihrauch des Heiligen Geistes werden sie zu ihrer Zeit über die Erde ausgegossen werden und ungeheuere, revolutionäre Veränderungen bewirken. Es ist äußerst ermutigend, wenn man erkennt, daß kein einziges Gebet, daß aus einem ehrlichen Herzen aufsteigt, verloren ist, sondern daß alle Gebete aufbewahrt und von Gott dazu benutzt werden, in mächtiger Weise in der Geschichte der Menschheit zu wirken.

Als ich schließlich durch die Kraft Gottes befreit wurde, war es, als würde eine dieser Schalen, in denen sich göttlicher, explosiver Stoff befand, über mich ausgegossen werden und meine Feinde vertreiben. Ich war in der glücklichen Lage, daß während der ganzen Zeit, in der ich durch jenen dunklen Tunnel ging, überall auf der Welt Kinder Gottes für mich beteten. Ich erhielt Briefe und Telephonanrufe, die mir vergewisserten, daß ich auf der Gebetsliste vieler Menschen, Gruppen und Gemeinden rund um die Welt stand. Bei den verschiedenen Gebetskonferenzen, die im Laufe des Jahres überall auf der Welt durchgeführt wurden, gehörte ich mit zu den Gebetsanliegen. Wie hätte ich am Ende etwas anderes als Gottes Gnade erfahren können? Ich weiß noch sehr gut, was ich dem Herrn immer wieder vorhielt, wenn ich mich in meiner Not an nichts anderem mehr festhalten konnte. Ich sagte Ihm dann, Er müsse meine Situation doch ändern, weil Er schließlich all die Gebete, die für mich aufgestiegen wären, nicht ignorieren könne. Wenn ich schon unter den Angriffen des Teufels litt, weil ich als Leiter die Verantwortung für eine weltweite Gebetsbewegung getragen hatte, so erhielt ich wenigstens auch umfassende weltweite Gebetsunterstützung von meinen fürbittenden Mitstreitern. Auf lange Sicht wogen die Gebete der Heiligen schwerer als die Anklagen des Teufels.

Ganz besonders habe ich den Herrn immer wieder an eine ältere Schwester erinnert, Sofia Jorgensen, die die treuste Fürbitterin in meinem Leben und Dienst gewesen ist. Ich wußte, daß Schwester Sofia ungefähr 33 Jahre lang täglich für mich gebetet hatte. Zum ersten Mal bin ich ihr an einem Sonntagmorgen im Jahr 1955 begegnet, als ich an dem Gottesdienst einer christlichen Gemeinschaft in Kopenhagen teilnahm. Ich werde nie vergessen, was dort geschah. Nach dem Gottesdienst kam draußen vor der Kirche Schwester Sofia auf mich zu. Sie nahm meine Hand und sagte nur: „Junger Bruder, von jetzt an werde ich jeden Tag für dich beten, daß du dich hingibst, um dem Herrn zu dienen!" Das war alles. Damals ahnte ich noch nicht, was alles geschehen würde. Von diesem Zeitpunkt an kam die Kraft Gottes in einer Weise in mein Leben, die mich oft daran hinderte, auf Abwege zu geraten, und die mich langsam aber sicher auf die Wege des Herrn führte, bis ich schließlich im vollzeitlichen Dienst für meinen Meister stand.

Noch ein weiteres Gebet wurde erhört, es war das Gebet meiner lieben Mutter, das sie sprach, als ich noch in ihrem Leib war: ich möge ein Diener des Herrn werden!

Wenn Sofia für mich betete, bekam sie oft vom Heiligen Geist den Impuls, mich anzurufen und zu fragen, wie es mir ging. Jedesmal wunderte ich mich, woher sie wußte, daß ich mich gerade zu diesem Zeitpunkt in großer Not befand. Sofia starb im Alter von 102 Jahren. Die letzten Jahre ihres Lebens war sie ans Bett gefesselt und wünschte sich mehr als alles andere, beim Herrn zu sein. Doch trotz ihrer großen Schwachheit sollte sie noch hier bleiben. Manche Menschen fragten sich, warum ihr nicht erlaubt wurde, das Angesicht ihres Erlösers zu sehen. Ich fragte mich dies nicht. Ich wußte, daß sie noch um meinetwillen und um vieler anderer Menschen willen, für die sie Fürbitte tat, hier bleiben mußte. In der dunkelsten Stunde meiner Prüfung schrie ich zum Herrn und sagte Ihm, daß Er doch unmöglich den großen Gebetseinsatz ignorieren könne, den Sofia für mich geleistet habe. Wie wolle Er ihr erklären, daß 33 Jahre der täglichen Fürbitte umsonst gewesen seien? Das könne Er doch nicht tun! Und Er tat es auch nicht. Er wartete nur auf den Augenblick, wo Seine Absichten erfüllt waren.

Freundschaft in Aktion

Dann waren da die beiden Svens aus Schweden, die der Herr als Hebammen gebrauchte, um mich zum neuen Leben zu bringen. Sven Nilsson und seine liebe Frau Solveig standen mir auf dem ganzen Weg mit ihrem seelsorgerlichen Rat zur Seite, ohne angesichts meines unveränderten Zustandes zu ermatten. Sven war mein persönlicher Pastor, und er glaubte immer noch an das Wort, das er für mich empfangen hatte, auch wenn alle Umstände dagegen sprachen. Er war absolut sicher, daß er die Stimme des Heiligen Geistes gehört hatte, und er verfolgte unablässig das Ziel, das der Herr vor uns gesetzt hatte. Sie teilten unsere Not auch dem Gebetsteam der Mitarbeiter im „Vastanaas Christian Centre" mit, dessen Leiter er war. Ich glaube, mir gelang es nur einmal, Sven zur Verzweiflung zu bringen, und zwar als ich an der Überzeugung festhielt, ich wäre verloren, obwohl Gottes Wort das Gegenteil sagte. Es ist unglaublich, wie ein depressiver Mensch dahin kommen kann, die Finsternis fast mehr zu lieben als das Licht. Es ist beinahe so, als habe er keine andere Identität mehr als sein Elend und als würde er versuchen, sich darin zu verstecken. Ich weiß noch, wie unerbittlich fest der sonst immer freundliche und geduldige Sven an diesem Punkt wurde. Ich denke, diese Festigkeit, mit der er Gottes Verheißungen glaubte, bewirkte in gewisser Weise eine Veränderung in meinem Herzen. Viele hätten mich schon viel eher aufgegeben, und manche gaben mich auch auf, aber Sven gab mich nie auf. Ich bin sicher, daß sein Vertrauen auf den Herrn im Blick auf mich und das Vertrauen, das er in mich setzte, mit dazu beitrugen, daß mein Leben nicht völlig in die Brüche ging und daß die winzige Flamme der Hoffnung, die tief in mir brannte, neu belebt wurde.

Der andere Sven und seine liebe Frau Marianne wurden sozusagen zu meiner letzten Zuflucht in den drei Jahren des Kampfes. Sie sind beide tief überzeugte Lutheraner, obwohl sie alle Gotteskinder lieben und allen dienen. Doch irgendetwas an diesem lutherischen Fundament, vermischt mit einem Leben, das vom Heiligen Geist erfüllt ist, wurde für mich zu einer großen Hilfe. Die beiden litten nicht an der üblichen pfingstlerischen Ungeduld oder der Forderung nach unmittelbaren Ergebnissen. Sie waren bei allem ruhig und still. Für meine hektische Seele war dies wie der Balsam Gileads. In gewisser Hinsicht konnte ich mich zutiefst mit ihnen identifizieren. Die lutherische Art, an Gottes Gnade und an das Kreuz Jesu, des Herrn, zu glauben, hat mich schon immer angezogen, auch wenn ich von pfingstlerischem Hintergrund komme. Vielleicht hängt dies mit der Tatsache zusammen, daß meine Vorfahren auf der Seite meines Vaters 400 Jahre lang überzeugte Lutheraner gewesen sind, zwei waren sogar lutherische Geistliche, und alle kamen aus der bekannten Stadt Weimar in Ostdeutschland.

In Sven und Mariannes Haltung fand ich auch jene germanische Eigenschaft wieder, nach wie vor zu glauben, daß der gesunde Menschenverstand durchaus einen Wert hat. Sven, der als Arzt im Gebiet der Radiologie spezialisiert ist, analysiert alles. Obwohl er mit dem Heiligen Geist erfüllt ist, glaubt er, daß der gesunde Menschenverstand im geistlichen Leben auch einen Platz hat, und ich stimme mit ihm darin überein.

Bei allem, was ich gesagt habe, ist es nicht meine Absicht, das Luthertum zu verherrlichen. Ich weiß, wie sehr die lutherische Kirche von der Wahrheit abgefallen ist. Aber für die Pfingstler ist es wichtig, daß sie tiefer in den fundamentalen Wahrheiten des Evangeliums verwurzelt sind und nicht nur Höhenflüge im Heiligen Geist erleben. So wie die Kirche mit Problem der Gesetzlichkeit und des Dogmatismus zu kämpfen hat, haben die Charismatiker das Problem, daß sie nicht tief genug in Gottes Wort gegründet sind.

Bei meinem Zusammensein mit Sven Reichmann half mir sehr, daß ich auf der Verstandesebene mit ihm reden konnte. Wir konnten über alle Fragen diskutieren, und er verstand meine analytischen Gedanken. Trotzdem war es gerade Sven, der mir half, zu einem tieferen Verständnis der Souveränität Gottes zu gelangen.

Eine Lektion werde ich nie vergessen. Wir sprachen eines Tages über die befremdliche Tatsache, daß Gott Abels Opfer annahm, Kains Opfer jedoch zurückwies. Sven brachte dieses Thema in Form einer Frage zur Sprache, er nannte es ein Geheimnis, das nicht erklärt werden könne. Ich widersprach ihm und sagte, ich wüßte den Grund, warum Gott Abel angenommen und Kain zurückgewiesen hätte. Dann begann ich, ihm meine theologische Theorie zu entfalten. Wie Sie sehen, gehöre ich zu denen, die auf jedes biblische Problem eine Antwort haben, jedenfalls gehörte ich zu diesen Menschen. Inzwischen bin ich mir da nicht mehr so sicher. Sven sagte: „Nein, du kennst den Grund nicht, weil die Schrift nichts darüber sagt, und darum kann man deine Erklärung nicht als Wahrheit hinnehmen." Er fuhr fort und erklärte, daß wir nichts wissen, wenn Gott es uns nicht mitteilt. Die korrekte biblische Antwort auf das Problem lautet ganz einfach: Wir wissen es nicht! Und das ist keine Katastrophe, weil wir erkennen müssen, daß Gottes Gedanken größer und viel weiser sind als unsere. Wenn wir alles, was Gott sagt oder tut, verständen, dann wäre Er nicht mehr Gott!

Oh, wie sehr half mir das in meiner rastlosen Suche nach den Gründen für mein Leiden. Es half mir auch bei dem Leiden, das ich erdulden mußte, wenn ich all denen zuhörte, die meinten, sie hätten die Antwort. Zum ersten Mal begann ich zu erkennen, daß Gott mich und meine Situation nach wie vor in Händen hielt und nichts Seiner Kontrolle entglitten war, auch wenn ich nicht wirklich verstand, was mit mir geschah und dies wahrscheinlich auch nie verstehen würde. Wie sehr unterschied sich dieser Rat von dem der Freunde Hiobs, die Gott und Sein Handeln an Seinem Knecht bis in alle Einzelheiten erklärten.

Wie sehr danke ich Gott für diese beiden Gottesmänner und für die Weisheit und Reife, die sie von Gott empfangen haben und die sie dazu befähigte, auf dem ganzen Weg, bis zum Tag des Sieges, an unserer Seite zu bleiben.

Und dann waren da natürlich meine Brüder aus dem Vorstand der Internationalen Fürbitter: John Beckett (USA), Lance Lambert (Jerusalem) und Noel Bell (Australien), deren Unterstützung für mich trotz der geographischen Entfernung eine ungeheuere Hilfe und Ermutigung bedeuteten.

John, der Vorsitzender der „Intercessors for America" ist, rief mich regelmäßig aus den Staaten an, um auf dem neusten Stand meiner Situation zu sein. Während der langen Zeitspanne von drei Jahren, in denen ich vom Punkt der Arbeitsleistung aus gesehen wertlos war, achtete er darauf, daß wir immer finanziell unterstützt wurden. Wenn ich eine Stellung bei einer weltlichen Firma gehabt hätte, wäre ich möglicherweise schon nach den ersten Wochen meiner Krankheit entlassen worden. Aber im Reich Gottes ist dies anders. Wie wunderbar ist es, wenn das Reich Gottes auf dieser Erde herrscht, und wie anders ist alles, wenn die Liebe Gottes mitwirkt. Ich kann gar nicht zählen, wie viele Blumensträuße John und seine Frau Wendy meiner Frau und mir in jenen Jahren des Schmerzes schickten.

John, der bei den Internationalen Fürbittern mit organisatorischen Aufgaben betraut ist, hat nicht ein einziges Mal die Möglichkeit erwähnt, daß ich von meiner Position zurücktreten solle, obwohl ihm meine Unfähigkeit durchaus bewußt war. Ebenso ließen weder meine Vorgesetzten noch irgendjemand anders einen solchen Vorschlag laut werden, vielmehr versicherten sie mir alle, Gott habe mich für diese Arbeit ausgewählt. Immer, wenn ich ihnen vorschlug, zurückzutreten, weigerten sie sich, mir zuzuhören. Es war wunderbar zu sehen, was für einen großartigen Charakter diese drei Brüder hatten, die der Herr mir im Vorstand an die Seite gestellt hatte.

Mit Lance bin ich schon lange befreundet. Ich glaube, daß wir uns schon fast 30 Jahre kennen, seit ich zur „Christian Fellowship" in Richmond in der Nähe von London ging, wo Lance entscheidend mit dazu beigetragen hat, eine ungewöhnliche Gemeinde aufzubauen. Durch Männer wie Lance, der immer besondere Betonung auf das Gebet legte, wurde ich für den Dienst motiviert. Ich weiß, wieviel Lance und seine jungen Brüder, die ihm in seinem Haus in Jerusalem halfen, für mich beteten, während ich krank war. Ich werde nie seine Reaktion vergessen, als ich ihn eines Tages anrief, nur um ihn wissen zu lassen, daß es mir schlechter denn je ging. „Aber wir haben täglich in unserer Gebetszeit für dich gebetet!"

Lance war wahrscheinlich der einzige, der in der Lage war, meine Prüfung richtig einzuschätzen. Viele wollten in mir große Erwartungen wecken, sie gaben mir ermutigende Verheißungen auf eine bald bevorstehende Befreiung. Doch nicht so Lance. Ich erinnere mich, wie er mir sehr deutlich sagte, ich solle keine schnelle Lösung erhoffen. Er hatte den Eindruck vom Herrn, daß meine Schwierigkeiten ein „Dorn im Fleisch" seien und einer ganz bestimmten Absicht dienten, die Gott mit meinem Leben hatte. In den seelsorgerlichen Gesprächen wies er mich darauf hin, daß der Herr, auch wenn ich dies nicht fühlte, in meinen Leiden gegenwärtig war, daß Er mit mir war, und zwar genauso oder vielleicht sogar noch mehr als zu guten Zeiten. Er zitierte die Erfahrung des Psalmisten: „Bettete ich mich bei den Toten, siehe, so bist du auch da" (Ps. 139,8 – Luther). Ein höchst bemerkenswerter Gedanke.

Dann erzählte er mir von einer Missionarin, die wir beide kannten und die mehrere Jahre lang das Gefühl gehabt hatte, in der Hölle zu leben. Trotzdem erlebte sie, wie Gott inmitten all dieser Erfahrungen gegenwärtig war. Und schließlich kam sie aus der Dunkelheit wieder ins Licht. Durch diesen Bericht begann ich zu verstehen, daß Gott tatsächlich viel mehr in meiner Situation war, als ich gedacht hatte, und daß ich nicht nur auf Grund meiner eigenen Torheit litt, sondern auch, weil Gott bestimmte Absichten für meinen Dienst hatte.

Einmal, als wir eine unserer internationalen Gebetskonferenzen in Jerusalem hatten, erlitt ich mitten in meiner Rede einen Zusammenbruch. Bruder Kjel Sjoberg stand auf, nahm mich in seine großen Arme und sagte auf schwedisch: „Johannes, du sollst wissen, wie sehr wir dich alle lieben!" Nach der Versammlung sagte Lance zu mir: „Johannes, du bist ein prophetisches Zeichen!" Nun, zuerst wußte ich nicht, ob ich mich durch diese Behauptung geehrt oder noch weiter bedrückt fühlen sollte. Wenn es tatsächlich stimmte, daß ich besonders geprüft wurde, dann lag es mir nahe, wie die Juden zu reagieren, wenn ihnen gesagt wird, daß sie Gottes besonderes, auserwähltes Volk sind.

Im jüdischen Denken ist Erwählung oft mit Leiden verbunden, darum möchten die Juden ihre besondere Stellung gern aufgeben und zu einem ganz normalen Volk wie alle anderen werden. In „The Fiddler on the Roof" wendet sich der jüdische Vater, der unter nie enden wollender Verfolgung leidet, plötzlich an Gott, und es bricht aus ihm hervor: „Könntest du zur Abwechslung nicht mal jemand anderen erwählen?!" Es stimmt: Es ist schrecklich, in die Hände des lebendigen Gottes zu fallen, und unser Gott ist ein „verzehrendes Feuer".

Doch später verstand ich, worauf Lance hinauswollte. Das, was ich in jenem Feuer der Reinigung erlebte, war auf kleiner Ebene ein Vorausbild für den Feuerofen des Leidens, der sowohl die Gemeinde Jesu als auch das Volk Israel in den letzten Tagen erwartet. Im Leben jedes Menschen wird ein Feuer brennen und die Qualität der Werke prüfen. Es wird sichtbar werden, ob sie aus Holz, Heu oder Stroh sind, oder aus Gold, Silber und Edelsteinen. Je eher wir diesen Prozeß durchlaufen können, desto besser, denn dann haben wir noch Zeit, uns von allem zu reinigen und alles zu korrigieren, was in unserem Leben und in unserem Dienst keinen geistlichen Wert hat.

Lance hatte die ganze Zeit auf der Konferenz in seinem Herzen ein Wort mit sich herumgetragen, ohne zu wissen, für wen es bestimmt war. Als ich zusammenbrach, wußte er es, und er stand auf und zitierte das Wort aus Jesaja 54,11-14:

„Du Elende,
Sturmgeplagte, Ungetröstete!
Siehe, ich lege deine Steine in Hartmörtel
und lege deine Grundmauern mit Saphiren.
Ich mache deine Zinnen aus Rubinen
und deine Tore aus Karfunkeln
und deine ganze Einfassung aus Edelsteinen.
Und alle deine Kinder werden von dem Herrn gelehrt,
und der Friede deiner Kinder wird groß sein.
Durch Gerechtigkeit wirst du festgegründet sein.
Sei fern von Bedrängnis,
denn du brauchst dich nicht zu fürchten,

und von Schrecken,
denn er wird sich dir nicht nähern!"

Ich brauche wohl nicht zu sagen, daß durch dieses Wort alles, was ich durchmachte, eine neue Perspektive gewann. Wie wurde meine Seele durch das Wissen getröstet, daß durch Gottes Gnade und Sein Erbarmen all die schmerzhaften Dinge dazu gebraucht werden würden, um Edelsteine in meinem Charakter zu formen. Jetzt, wo alles vorbei ist – wenn auch nicht Gottes Wirken, das ja in unserem Leben nie aufhört –, kann ich sehen, wie zutreffend Lances Bild von meiner Situation war.

Noel Bell, der dritte Mann in unserem Vorstand, hat einen starken, impulsiven Charakter, und ihm fiel es am Anfang meiner Krankheit schwer, das, was ich durchmachte, richtig einzuschätzen. Doch als wir uns auf der halbjährlichen Konferenz für Gebetsleiter in Singapur trafen, nahm er mir, zusammen mit seiner lieben Frau und seiner Tochter, die Verantwortung ab, die Leitung der Organisation zu tragen, obwohl dies eigentlich meine Aufgabe gewesen wäre. Einige Zeit später, als wir gemeinsam als Beobachter an einer weltweiten Beraterkonferenz teilnahmen, ebenfalls in Singapur, nahm Noel mich wie ein Vater in sein Herz auf, er zeigte mir seine Liebe und betete mit mir, wann immer es nötig war, ganz gleich zu welcher Zeit. Es entwickelte sich eine sehr warmherzige Beziehung zwischen uns beiden, und als der Herr mich schließlich wieder aufrichtete, geschah etwas sehr Bemerkenswertes.

Einige Tage nach meiner Heilung erhielt ich einen Brief von Noel. Er berichtete, daß er eines Tages, als er für mich betete, ein ganz besonderes Erlebnis im Heiligen Geist gehabt hatte. Ein starkes Gefühl der Gewißheit über meine Befreiung kam über ihn, und er wurde im Geist erhoben und fing an, mit großer Überzeugung meine Heilung zu verkündigen. In seinem Brief zitierte er die Worte, die er im Heiligen Geist ausgesprochen hatte, und er berichtete von der großen Freude, die seine Seele dabei erfüllte, so daß er immer wieder laut Halleluja und Amen rief. Ich erinnere mich, daß er in seinem Brief schrieb, er habe proklamiert, daß ich JETZT frei sei! Als ich mir ausrechnete, wann er dieses Erlebnis gehabt hatte, und den Zeitunterschied zwischen Sydney in Australien und Gothenburg in Schweden hinzunahm, stellte ich voller Staunen fest, daß die Heilung des Herrn genau in dem Moment über mich gekommen war, als Noel das, was er im Heiligen Geist gesehen hatte, aussprach! Und dabei waren wir räumlich gesehen so weit von einander entfernt, wie zwei Menschen auf dieser Erde überhaupt entfernt sein können!

Ich wurde an das Ereignis in den Evangelien erinnert, wo ein königlicher Beamter zu Jesus kam und um Heilung für seinen kranken Sohn bat, und wo Jesus nur sagte: „Geh hin, dein Sohn lebt" (Joh. 5,50). Als der Beamte nach Hause ging, stellte er fest, daß die Heilung seines Sohnes genau zu dem Zeitpunkt stattgefunden hatte, wo Jesus jene Worte sprach. Es ist so ermutigend zu wissen, daß Zeitunterschiede und räumliche Entfernungen im Heiligen Geist und im Gebetsleben keine Rolle spielen. Auch wenn wir rein physisch Tausende von Kilometern voneinander entfernt sind, haben wir die herrliche Fähigkeit, in Gottes Geist Gemeinschaft miteinander zu haben. Dies ist ein Vorgeschmack unseres zukünftigen Lebens, wo wir einen Auferstehungsleib empfangen werden.

Es gibt noch viele andere Menschen, so wie Gustav und Elsa Scheller, sehr gute Freunde von uns, die uns während der ganzen Zeit meiner Krankheit immer wieder anriefen und uns unterstützten. Gustav kam sogar den langen Weg von Kopenhagen, um mich zu besuchen, um für uns zu beten und uns zu ermutigen. Er sagte uns immer wieder, daß ihre Liebe zu uns nicht aufgehört, sondern sich im Gegenteil noch verstärkt habe, seit sie erfahren hatten, daß ich erkrankt sei.

Steven Lightle trug mich die ganze Zeit in seinem Herzen und in seinen Gebeten und lud mich auch immer wieder ein, ihn als Mitarbeiter bei seinem Dienst zu begleiten. Wir hatten gemeinsame Reisen durch die Sowjetunion unternommen und dabei gelernt, uns gegenseitig unser Leben anzuvertrauen. Steve ist wirklich ein Mann der Liebe, und seine Liebe und Barmherzigkeit waren Balsam auf unsere Wunden.

Dann waren da Kjell und Lena Sjoberg. In der internationalen Gebetsarbeit gibt es wahrscheinlich niemanden, mit dem ich so eng zusammengearbeitet habe wie mit Kjell, obwohl es wohl kaum zwei Menschen auf dieser Welt gibt, die unterschiedlicher sind als wir beide. Kjell und Lena nahmen mich eine Woche lang in ihrer Wohnung in Stockholm auf und luden mich in den Jahren meiner Not häufig ein, in ihrem Team mitzuarbeiten.

Das gleiche kann ich von Rolland und Carrie Smith aus St. Louis in den USA berichten. Ich werde nie vergessen, wie sie mich einluden, zu ihnen zu kommen und an der Stadt-Gebetskonferenz in St. Louis teilzunehmen. Im Blick auf ihren Dienst hatten sie sicherlich keinen Nutzen davon. Aber in ihrem Haus kämpften wir den Kampf gemeinsam, manchmal Tag und Nacht. Rolland sagte mir immer wieder, er sei fest davon überzeugt, daß ich durch das, was ich durchmachte, ganz gleich, was es war, für einen noch größeren Dienst in der Zukunft vorbereitet würde. Auf der großen Gebetstour, die so viel Veränderung im Leib Christi in Europa bewirkt hat, nahm er mich in sieben Hauptstädte Europas mit.

Zwei andere sehr gute Freunde stehen heute gemeinsam mit uns im Dienst hier in Altensteig. Berthold und Barbara Becker, die Leiter der Gruppe „Fürbitte für Deutschland", spielten in unserer Heilung eine Schlüsselrolle. Berthold führte am Telephon oft Seelsorgegespräche mit mir, und oft hatten wir auch Gebetszeiten per Telephon. Er hielt mich auf dem Laufenden über alle Unternehmungen in Deutschland, wo wir 1980 die „Fürbitter für Deutschland" ins Leben gerufen hatten. Diese Gruppe hat sich durch Gottes Gnade zu einer der stärksten nationalen Gebetsbewegungen der Welt entwickelt. Als wir 1980 begannen, hatten wir bei unserer deutschen nationalen Gebetskonferenz 25 Teilnehmer. 1989 nahmen mehr als 400 Fürbitter an der nationalen Konferenz teil, darunter einige der wichtigsten charismatischen Leiter des Landes.

Barbara Becker hatte während der Zeit meiner Krankheit eines nachts einen sehr lebhaften Traum. Sie sah mich als General, bekleidet mit einer Militäruniform und zwei Sternen auf den Schultern. Plötzlich griff eine dunkle Hand nach meinen

Schultern und versuchte, einen der Sterne abzureißen. Nach einem heftigen Kampf wurde deutlich, daß die dunkle Macht bei diesem Versuch keinen Erfolg hatte. Dann sah sie mich lächeln, während ein dritter Stern an meine Generaluniform geheftet wurde. Die Deutung war nicht schwierig. Der Feind versuchte, mich zu erledigen, doch er hatte keinen Erfolg, und nach dem Kampf würde der Herr mir noch größere Verantwortung in Seiner Armee übertragen. Damals, als Barbara den Traum hatte und mir davon erzählte, war ich nicht in der Lage, ihn zu glauben. Ich wäre glücklich gewesen, nach dem Kampf als Unteroffizier oder sogar nur als Zivilist leben zu dürfen. Doch der Traum hat sich in allen Einzelheiten erfüllt, und durch die Gnade Gottes und durch die Gebete so vieler kostbarer Kinder Gottes bin ich heute fähig, meinen Dienst in noch größerem Rahmen fortzusetzen.

Noch viele andere Menschen haben uns gesegnet, durch ihre Gebete, durch die Briefe, die sie schickten und durch Telephonanrufe aus allen vier Enden der Erde. Wir erhielten viele ermutigende Worte, die alle die Verheißung enthielten, daß Gott uns nicht vergessen, daß Er uns nicht aufgegeben hatte, sondern uns am Ende aus aller Not herausführen würde.

Und schließlich waren da die Brüder und Schwestern unserer Gemeinde in Kopenhagen. Ich war entscheidend daran beteiligt gewesen, diese Gemeinde 1974 zu gründen, zusammen mit einem Bruder und einer Schwester, Kjeld und Anni Mikkelsen, dem Ehepaar, die nach mir die Leitung der Gemeinde übernahmen. Sie und eine kleine Gruppe von engen Freunden halfen uns und zeigten uns ihre Liebe. Sie kamen oft zu uns nach Hause, um für uns zu beten. Sie taten viel, doch gegen Ende der Zeit verloren sie langsam die Hoffnung, weil sich bei mir keine Änderung zeigte. Es war sehr schwierig für sie. Ich war jahrelang für unsere Freunde vor Ort der Hirte gewesen und war für sie zu einer Art geistlichem Vater geworden. Nun, wo sie mich in tiefer Not sahen, nicht mehr in der Lage, in der gewohnten Kraft und Autorität aufzutreten, war es für sie schwierig, meine Seelsorger zu sein. Es war genauso, als wollten Kinder versuchen, ihren Eltern zu helfen und sie zu verändern. Es wurde deutlich, daß ich die Seelsorge von Menschen brauchte, die wie ich schon viele Jahre im Dienst standen. Deshalb kann ich heute allen Dienern Gottes nur empfehlen, sich einen Pastor aus den eigenen Kreisen zu suchen, einen Menschen, der genügend geistliche Erfahrung und Reife besitzt, um die Probleme, die sie beschäftigen, verstehen zu können.

Kapitel 7

FÜNF UHR MORGENS

Nun zurück zu dem Tag, an dem ich „starb". Der 24. Februar 1989 wird immer der schrecklichste Tag in meinem Leben bleiben – der Tag, an dem ich den letzten Kampf ausfocht und unterlag, der Tag, an dem ich meinen Isaak aufgeben und niederlegen mußte, die Berufung Gottes in meinem Leben, den Dienst, den ich in den letzten 20 Jahren so sehr geliebt hatte. Es war recht viel, was ich niederlegen mußte. Vom menschlichen Standpunkt aus gesehen war es kein Wunder, daß ich zusammenbrach. Zu jener Zeit stand ich in sieben verschiedenen Werken als Leiter in geistlicher Verantwortung, und das reicht aus, um jeden k.o. zu schlagen, der seine Arbeit ernst nimmt. Ich war Pastor unserer Gemeinde, der Leiter von „Fürbittern für Dänemark" und gleichzeitig der internationale Koordinator der „Internationalen Fürbitter", einem weltweiten Netzwerk von ungefähr 40 Nationen. Außerdem gehörte ich zum schwedischen Exodus-Team, einem Werk, das in osteuropäischen Ländern mit Lehre diente. Auch war ich Mitherausgebern der schwedischen Zeitschrift EXODUS. Diese Stellung brachte viel Arbeit mit sich, ich mußte häufig Artikel zu bestimmten Themen verfassen. Dann hatte ich die Verantwortung übernommen, einer der Hauptberater von „Women Aglow" in Dänemark zu sein. Und schließlich stand ich in einer weitreichenden biblischen Lehrtätigkeit in Gemeinden, die zur geistlichen Erneuerung in Skandinavien gehörten. Dies bedeutete auch häufige Reisen. Wie bereits gesagt, waren diese Aufgaben nicht alle gleich schwer. Aber zusammengenommen machten sie eine Last aus, die viel schwerer war, als ein einziger Mensch allein tragen konnte, ohne in ernsthafte Schwierigkeiten zu geraten. Weil ich sehr zäh bin und auch ehrgeizig, was meine Arbeit betrifft, war es nur eine Frage der Zeit, wann ich zusammenbrechen oder ausbrennen würde.

Endlich hatte ich die Last abgelegt. Eine Mischung aus Erleichterung und tiefer Enttäuschung erfüllte mich, als ich mich zu Bett legte und bis zum nächsten Morgen schlafen wollte, der, wie ich meinte, der erste Tag meines neuen weltlichen Lebens sein würde. Ich hatte in dem Moment absolut keine Hoffnung auf irgendeine Wende. Ich glaubte, Gott habe an nichts anderem mehr Interesse, als mich aus der Reihe Seiner Diener zu entlassen. Ich fühlte mich disqualifiziert, wie ein Pferd, das von der Rennbahn genommen und auf die Weide gestellt wird, wo es nur noch auf den Tod warten kann. Wie konnte Gott mir dies antun? Und wenn es nicht Gottes Wirken war, wie konnte Er dann zulassen, daß der Teufel mir dies antat? Ich wußte es nicht, und ich war inzwischen auch an dem Punkt angekommen, wo es mir egal war. Ich hatte die religiöse Phase meines Lebens hinter mir und fragte mich nur, was die Zukunft wohl für mich bringen würde.

Die zusätzlichen Schlaftabletten, die ich an jenem Abend nahm, sorgten dafür, daß ich all diese Gedanken hinter mir ließ und ins Niemandsland schwebte, in der Hoffnung, lange bis in den nächsten Tag hinein dort zu bleiben.

Der Morgen der Auferstehung

Zu meiner großen Überraschung wachte ich früh am Morgen ein paar Minuten vor fünf Uhr auf und hatte das Gefühl, daß irgendetwas Ungewöhnliches in mir geschah. Obwohl ich noch nicht richtig wach war, weiß ich noch, wie ich mich im Bett aufsetzte und mich umsah, um festzustellen, ob jemand im Raum war. Vielleicht war es die Katze, die ab und zu hereinkam und sich umsah. Aber es war niemand da, nicht einmal die Katze. Dann hatte ich das seltsame Gefühl, daß sich diese frühen Morgenstunden von den Morgenstunden der drei vorangegangenen Jahre sehr unterschieden. Die schlimmsten alptraummäßigen Stunden meines Lebens waren die Zeiten früh am Morgen gewesen. Dann kamen die Anklagen und die Verdammung mit ungeheurer Macht über mich, und ich wünscht mir immer, ich wäre nie wachgeworden. Es ist unter depressiven Menschen eine bekannte Tatsache, daß der Morgen die schrecklichste Zeit des Tages ist.

Aber an diesem Morgen war alles anders, und bevor ich überhaupt wahrnehmen konnte, was eigentlich anders war und warum, war mir, als würde sich eine Hand auf meinen Kopf legen, und mir wurde sehr heiß. Bei uns alten Pfingstlern war es üblich, dann, wenn wir Heilungen erlebten, von einem heißen Strom zu sprechen, der durch unseren Körper ging. Genau das fühlte ich jetzt. Es war, als wären meine beiden großen Zehen in die Steckdose an der Wand gesteckt worden. Mein ganzer Körper wurde etwa 30 Sekunden lang überall ganz heiß, und danach waren die drei Jahre der endlosen Depression, der Anklangen und der Verdammung plötzlich verschwunden, so wie Tau, der bei den ersten Strahlen der aufgehenden Sonne verfliegt.

Fast automatisch, wie ein Reflex, legte ich meine Hand auf die Brust und stellte fest, daß mein Herz wieder ganz normal schlug. In dem Moment wußte ich, daß jemand im Zimmer war, auch wenn ich diese Person nicht mit meinen physischen Augen sehen konnte. Es war Jesus, der Herr. Die 30 Sekunden, in denen Er mir Seine wunderbaren Hände aufgelegt hatte, reichten aus, um drei Jahre des Leidens und der Qual zu beenden.

Ich weiß, daß es der Herr war, weil Er in den nächsten zehn Minuten sehr deutlich zu mir sprach, und das Licht, das meine Seele durchflutete, war so hell, das es nicht nur meine ganze Vergangenheit bedeckte, sondern mir genug geistliches Licht für den Rest meines Lebens gab. Alle Bibelabschnitte und -verse, die ich in den letzten drei Jahren empfangen hatte, wurden plötzlich lebendig und bekamen für mich ewigen Sinn, so als hätte jemand den Knopf einer verborgenen Computerdatei gedrückt und als würde das ganze Programm plötzlich auf dem Bildschirm aufleuchten.

Schritt für Schritt erklärte mir der Herr alles, was ich durchgemacht hatte, Er erklärte mir nicht in erster Linie das „Warum", sondern das „Wozu". Ich verstehe immer mehr, daß unser Gott ein Gott mit göttlichen Absichten und göttlicher Bestimmung ist. Er erklärt uns nicht sehr oft das Warum, sondern Er läßt uns erkennen, zu welchem Zweck bestimmte Dinge in unserem Leben geschehen sind, und wie Er in Seiner Gnade und in Seiner Barmherzigkeit uns alles zum Besten dienen läßt.

Für mich war dies nichts Geringeres als von den Toten auferweckt zu werden, eine Auferstehung, die dem Tod meiner eigenen Kraft und Stärke folgte. Es war ein Wunder. Dieses dramatische Geschehen ist für mich die größte geistliche Erfahrung, die ich je gemacht habe, einschließlich meiner Neugeburt und der Taufe des Heiligen Geistes. Die Veränderung war so bemerkenswert, das es anderen Menschen schwerfiel, wirklich zu glauben, was geschehen war. Und es dauerte ungefähr acht Monate, bis ich die Kraft Gottes „absorbiert" hatte und wieder zum „Normalzustand" zurückgekehrt war. Die Gegenwart Jesu war so mächtig, daß ich zutiefst davon überzeugt bin, ich hätte in diesem verzehrenden Licht und Feuer nicht viel länger am Leben bleiben können.

Manche Menschen haben mich gefragt, ob es nicht herrlich gewesen wäre, für den Rest meines Lebens so spürbar in der Gegenwart des Herrn zu bleiben. Aber meine Antworte lautete: „Nein, unmöglich!" Die Herrlichkeit des Herrn besteht aus so konzentriertem Licht und konzentrierter Kraft, daß wir in unserem sterblichen Leib diese Gegenwart nicht länger als ein paar Minuten ertragen können. Was denken Sie, warum der Apostel Johannes wie tot niederfiel, als sich der Herr ihm offenbarte und er den Herrn sah? Und warum hat wohl Jesaja ausgerufen, als er den Herrn sah, wie Er in Seiner Heiligkeit auf dem Thron saß: „Wehe mir, denn ich bin verloren! Denn ein Mann mit unreinen Lippen bin ich" (Jes. 6,5)? Mose wollte die Herrlichkeit des Herrn sehen, aber der Herr warnte ihn, es würde ihn das Leben kosten, weil kein Mensch Gott sehen und am Leben bleiben kann. Darum ließ Gott Mose in Seiner Barmherzigkeit, als Er an ihm vorbeizog, nur einen Blick von hinten auf Seine Herrlichkeit tun.

Wenn Menschen mir erzählen, daß sie hier und da und überall den Herrn sehen und daß der Herr fast jeden Abend zu ihnen kommt, dann fällt es mir sehr schwer, dies zu glauben. Wenn dem so wäre, dann wären diese Menschen meiner Meinung nach längst tot. Ich denke, daß sie eher von Dingen in ihrer Vorstellung sprechen. Ich glaube, wir sollten aufpassen, daß wir die Ehrfurcht vor der Majestät der Herrlichkeit Gottes und vor

Seiner sich offenbarenden Gegenwart nicht schmälern. Ich weiß, daß ich die Kraft des Herrn an jenem Morgen nicht sehr viel länger ertragen hätte, und dabei habe ich nicht einmal den Herrn gesehen. Ich spürte Seine Hand auf mir, und ich hörte Ihn sprechen, so als hätte ich Seine Stimme in meinem ganzen Leben noch nie gehört.

Als ich begriff, daß ich befreit war, und nachdem der Herr mich verlassen hatte, sprang ich aus dem Bett und rannte die Treppe hinunter in die Küche, wo Sven und Marianne am Frühstückstisch saßen, weil Marianne früh zur Arbeit mußte. Als ich hereingestürmt kam, mit der Freude und der Herrlichkeit des Herrn auf dem Gesicht, blickte Sven mit dem staunenden Blick eines medizinischen Forschers über den Rand seiner Brille, so als ob er feststellen wolle, ob ich nun vollkommen verrückt geworden sei. Dann sagte er mit großer Überzeugung in der Stimme: „Johannes, das kann nicht von den Medikamenten kommen, das muß der Herr sein!" Und dann fingen wir alle drei an zu lachen. Es war das erste Mal, daß ich nach jenen drei langen und schweren Jahren wieder lachte.

Licht, Freiheit, Freude und Frieden strömten wie ein Fluß durch meine Seele. Gott war mir begegnet, als alles zu Ende und hoffnungslos war. Er hatte mich aus dem Grab erweckt und mir ein völlig neues Leben gegeben. Ich kann nicht beschreiben, wie meine Gefühle aussahen, das Wunder, wieder gesund, heil und ganz zu sein! Und ich werde es auch nie beschreiben können.

Meine Frau war die erste, die es wissen sollte. Ich rief sie an, doch anfangs fiel es ihr schwer zu glauben, daß ich befreit worden war. Sie freute sich zwar, daß ein anderer Klang durchs Telephon kam als zuvor, aber sie hatte immer noch Angst, daß es nicht echt war. Die drei Jahre, in denen sie sich gegen Dunkelheit und Schrecken hatte wehren müssen, hatten dazu geführt, daß sie eine Verteidigungsmauer aufgebaut hatte. Erst als sie nach ein paar Tagen kam und mich persönlich erlebte, konnte sie glauben, daß ein Wunder geschehen war.

Freiheit im Geist

Ich werde nie den Tag nach meiner Heilung vergessen. Ich ging zusammen mit Marianne in die lutherische Kirche. Mein Geist war so sensibel, daß ich weinte, als wir die guten alten Choräle sangen, nicht vor Kummer, sondern vor Freude, und die Predigt ging mir direkt ins Herz. Jedes Wort durchdrang meinen Geist, und ich konnte Gottes Stimme in einer Klarheit hören, wie ich es nie zuvor erlebt hatte, auch nicht vor meiner Krankheit. Mein Geist stand auf einmal in einer so innigen Gemeinschaft mit dem Heiligen Geist, daß ich mir die Frage stellte, ob ich eigentlich schon vorher wiedergeboren war. Mindestens war dies wie eine zweite Wiedergeburt, was jedoch eigentlich nicht möglich ist. Etwas Außergewöhnliches war mit mir geschehen, es war noch viel wunderbarer als nur eine Heilung. Ich war in meinem innersten Wesen verändert worden. Der Geist der Anspannung, der meinen Sinn so lange beherrscht und mich so gebunden hatte, war verschwunden. Ich hatte die Herrschaft über mich selbst verloren und wurde stattdessen auf eine völlig neue Weise vom Heiligen Geist geführt.

Ich konnte auch nicht mehr in der Weise arbeiten, wie ich es zuvor gewohnt war. In den ersten Monaten nach meiner Befreiung versuchte ich beim Dienst an Gottes Wort nach demselben Muster vorzugehen, wie ich es immer getan hatte, aber es funktionierte nicht. Ich hatte meine Predigten immer gut geplant, mir lang genug im voraus klar gemacht, worüber ich sprechen würde und die Botschaft dann in allen Einzelheiten ausgearbeitet. Nun stand ich vor der Gemeinde und sprach frei aus meinem Herzen, ohne schriftliche Notizen zu beachten. Die Predigten flossen einfach wie Ströme lebendigen Wassers aus meinem Innersten heraus.

Für viele ist dies vielleicht nichts Neues, aber für mich, einen systematischen und analytischen Menschen mit einem logisch arbeitenden Verstand war dies eine absolute Revolution. Nie zuvor in den 20 Jahren meines Dienstes am Wort Gottes hatte ich eine solche Salbung in meinem Geist erlebt. Später merkte ich, daß der Herr, als Er an jenem Morgen zu mir kam und mir Seine Hand auflegte, mir auch ein viel tieferes Vertrauen zu Ihm und viel größere Zuversicht gegeben hatte. Ich war nicht mehr angespannt, nervös oder aufgeregt, wenn ich Sein Wort predigen sollte. Durch eine neue geistliche Intuition konnte ich Seine Gedanken erkennen und wußte, worüber ich sprechen sollte.

Heute, anderthalb Jahre später, ist dies noch genauso. Ich kann nicht mehr zu meiner alten Arbeitsweise zurückkehren, und warum wollte ich auch? Dies ist so viel besser. Das heißt jedoch nicht, daß sorgfältige Vorbereitung durch das Studium des Wortes Gottes für mich keinen Wert mehr hätten. Auch denke ich nicht, daß „mein Weise" maßgebend für alle anderen sein muß. Ich kann nur eins sagen: Für mich haben sich die Dinge so radikal geändert, daß ich ein neuer Mensch vor Gott bin, mit einem viel größeren Vertrauen auf meinen Herrn und einer viel größeren Zuversicht, mit der ich mich auf die Kraft und Fähigkeit des Heiligen Geistes verlassen kann.

Gott hat mich durch Sein gnadenvolles Eingreifen nicht nur zu dem Zustand meiner früheren guten und normalen Gesundheit zurückgebracht. Er hat mich in Seinem ewigen Plan einen großen Schritt weitergeführt. Ich bin vielleicht noch dieselbe Person, mit demselben Temperament und demselben Sinn für Humor (nur daß er jetzt noch viel stärker ist) – aber im innersten Kern meines Menschens bin ich verändert worden – in meinem Geist. Dort, wo bisher mein Verstand und mein Wille das Sagen hatten, hat der Heilige Geist in neuer Weise die Herrschaft übernommen, und durch Gottes Erbarmen habe ich jetzt mehr gelernt, was es heißt, im Heiligen Geist zu leben.

Ich habe lange gebraucht, um in meinem Leben alle Worte in die Praxis umzusetzen, die der Herr während jener Zeit in dem dunklen Tunnel zu mir sprach. Es waren Worte, die ich damals nicht verstehen konnte, die jedoch zum Leben erwachten, als der Herr an dem Morgen meiner Auferstehung zu mir sprach. Ich nenne Seine Worte „Lektionen für einen zerbrochenen Prediger". Wenn ich in diesem Buch entfalte, was der Herr mir offenbart hat und was ich durch die Jahre der Schmerzen gelernt habe, so bete ich, daß mein Zeugnis von der Güte des Herrn eine Hilfe ist für Prediger, die sich ebenfalls im Feuerofen befinden, und auch eine Warnung für uns alle, demütig vor unserem Gott zu wandeln.

Kapitel 8

EIN ZERBROCHENER GEIST

Als erstes sagte der Herr folgendes:

> „Johannes, die ganze Zeit über, den ganzen Weg, den du
> gegangen bist, habe ich mich danach gesehnt, dich mit
> meiner Heilung zu berühren, doch ich konnte es erst tun,
> als du völlig vor mir zerbrochen warst. In den Tagen, die
> kommen werden, kann ich dich nur dann in der Weise
> gebrauchen, wie ich es geplant habe, und dir meine Sal-
> bung nur dann in größerem Maße geben, wenn ich weiß,
> daß dein Geist zerbrochen und dein Herz zerschlagen ist.
> Ich werde meine Kraft und die starke Salbung meines
> Geistes niemandem geben, der nicht zerbrochen ist."

Jetzt begann ich die Bedeutung des meist-bekanntesten Bi-
belabschnittes zu verstehen, der mich auf dem ganzen Weg
durch den dunklen Tunnel begleitet hatte, nämlich Psalm 23. Ich
hatte diesen Psalm in den drei vorausgegangen Jahre wohl
Hunderte von Malen zitiert. Am Anfang dieses Psalmes spricht
der Psalmist von einer wunderbaren Zeit – wie der Herr ihm
schenkt, daß er eine, wie ich meine, echte charismatische Erfahrung macht. Er läßt ihn auf grünen Auen lagern, führt ihn zum
frischen Wasser und erquickt seine Seele. Alles in dieser Phase
seiner christlichen Erfahrung scheint darauf hinzudeuten, daß
Gott für Seine Kinder nur Glückseligkeit geplant hat.

Doch dann ändert sich die Szene plötzlich radikal. Auf einmal befindet er sich in einem dunklen Tunnel. Es gibt keine
grünen Auen und kein frisches Wasser mehr, nur bedrängende
Enge und absolute Finsternis. Er nennt es „das Tal des Todesschattens". Es ist so, als wäre ihm alles genommen, auch das
letzte bißchen von jenem wunderbaren, überströmenden
Glücksgefühl, die weite, offene Wiese auf der grünen Aue mit
Überfluß an Futter und dem kühlen, erfrischenden Wasser. Dort
drinnen, in dem langen Tunnel, entdeckt er, daß dann, wenn ihm

aller äußerer Erfolg genommen wird, der Herr mit seinem Stecken und Stab da ist. Es gibt keinen anderen Trost mehr als den des Kreuzes. Nur noch der Herr, nichts sonst als allein der Herr ist da, auf den er sich stützen kann, von dem er getröstet wird, der ihn stärkt und ihn hindurchführt.

Christus-Vertrauen

Mir schien, als würde der Herr mir zeigen, Er habe zugelassen, daß ich alles verliere, damit ich an den Punkt, an den Ort komme, wo ich mich nur noch auf Ihn stützen kann. Er sagte mir, Er habe mich aus eigener Erfahrung lehren müssen, daß ich nur Ihm vertrauen könne und solle. Denn es würden Zeiten großer Dunkelheit und Schwierigkeiten kommen, und nur die, die ein tiefes Vertrauen auf den Herrn hätten, würden bestehen können. Ich hatte aus erster Hand erfahren, daß ich mich niemals auf irgendeine meiner eigenen Fähigkeiten verlassen konnte und auch niemals auf andere Menschen. Allein der Herr war vertrauenswürdig. Er hatte mir gezeigt, daß dann, wenn alle anderen Hilfsquellen versagen, Er mich doch nicht im Stich läßt und daß Er mich ganz und gar zu retten vermag, sogar von den Toten.

Heute weiß ich, daß ich Gott vertrauen kann, ganz gleich, was in diesen letzten Tagen noch auf uns zukommt. Wenn Er mich in 30 Sekunden aus jenem tiefen Abgrund herausholen konnte, dann kann es auch keine andere Situation geben, die für Ihn zu schwer wäre.

„Auch wenn ich wandere im Tal des Todesschattens, fürchte ich kein Unheil, denn du bist bei mir; dein Stecken und dein Stab, sie trösten mich." Sein Stecken und Sein Stab sind für mich ein Symbol Seiner Auferstehungskraft, der Liebe des Hirten und der Vollmacht des Herrn Jesus, begründet in dem Werk, das Er am Kreuz vollbracht hat. Wir können praktisch alles verlieren, doch die Gemeinschaft mit Ihm durch das vollendete Werk Seines Kreuzes können wir niemals verlieren. Mein Zeugnis lautet wie das von Paulus:

„Denn ich bin überzeugt, daß weder Tod noch Leben, weder Engel noch Gewalten, weder Gegenwärtiges noch Zukünftiges, noch Mächte, weder Höhe noch Tiefe, noch irgendein anderes Geschöpf uns wird scheiden können von der Liebe Gottes, die in Christus Jesus ist, unserem Herrn" (Röm. 8,38-39).

Dieses alles-umfassende, herrliche, ewige, vollendete Werk des Herrn Jesus am Kreuz wird uns unser ganzes Leben hindurch und bis in alle Ewigkeit schützen.

Doch der Psalm 23 enthielt noch mehr für mich. Der Herr zeigte mir, daß Er mein Haupt nicht mit dem Öl des Heiligen Geistes salben, meinen Becher nicht bis zum Überfließen füllen und mich nicht im Angesicht meiner Feinde an Seinem Tisch sitzen lassen konnte, solange Er nicht sicher war, daß ich einen zerbrochenen Geist hatte. In den kommenden Tagen wird Er uns Seine Salbung und Seine Kraft in einem Maße geben, wie es die bisherigen Generationen nie erlebt haben. Doch dies wird verheerende Auswirkungen haben, wenn unser Eigenwille und unser Eigenleben nicht mit Christus gekreuzigt, wenn sie nicht in echter geistlicher Erfahrung zerbrochen worden sind. All diese Kraft kann letztlich zu einer Katastrophe führen, wenn wir nicht gelernt haben, demütig vor Gott zu wandeln.

Gott kann uns Seine ungeheuere Kraft nicht geben, solange das Risiko besteht, daß wir stolz werden. Der Herr sagte mir, Er habe zugelassen, daß ich praktisch vor allen meinen Freunden rund um die Welt gedemütigt wurde. Er ließ zu, daß ich auch während meiner Krankheit im Dienst stand und umherreiste und daß viele Gemeinden meine absolute Schwachheit und mein Versagen miterlebten. Als ich während der Predigt in Jerusalem zusammenbrach und als ich einmal während einer anderen Konferenz meine Aufgaben nicht erfüllen konnte und abbrechen mußte, wurde allen deutlich, daß ich aus mir selbst heraus völlig unfähig war, dem Herrn zu dienen.

„Ich habe dies mit Absicht zugelassen, Johannes. Wenn du nun in Zukunft in deinem Dienst machtvoll und segensreich gebraucht werden wirst, dann wirst du und dann wird jeder wissen, daß ich es bin, und nur ich, der durch dich wirkt."

Das waren die Worte des Herrn an jenem Morgen! Er hatte meinen Stolz brechen und mir zeigen müssen, daß ich ohne Ihn nichts tun kann und daß sich daran auch nichts ändern wird. Stolz war das Hauptproblem. Ich hatte nicht bewußt Stolz gehegt. Es war eine Haltung, die sich mit Hilfe des Feindes bei mir eingeschlichen hatte.

Nach meiner Erfahrung in jenem Tunnel kann ich einfach nicht verstehen, wie Menschen in der christlichen Welt davon sprechen können, daß wir unser geistliches Selbstvertrauen stärken müssen, auch wenn ich weiß, welche Absicht dahinter steht, nämlich Menschen zu helfen, ihre Minderwertigkeitskomplexe zu überwinden. Ich glaube, daß nicht nur der Ausdruck, sondern auch die ganze Methode äußerst falsch und unbiblisch sind. Wir brauchen kein größeres Selbstvertrauen, denn wir sind dazu berufen, uns nicht unserer selbst zu rühmen, sondern uns selbst zu verleugnen und unser eigenes Leben zu verlieren, es mit Christus kreuzigen zu lassen. Auf dem Leben unseres Ichs liegt ein Fluch, und es ist das Zentrum des Bösen. Es ist der Verbündete des Teufels persönlich und hilft ihm bei seinem Bemühen, uns zu zerstören. Wir brauchen nicht mehr Selbst-Vertrauen. Wir brauchen mehr Christus-Vertrauen! Darum ist die Botschaft vom Kreuz und von einem zerbrochenen Geist so wichtig für die kommende Zeit, wo Gott Seinen Geist in großem Maße ausgießen wird.

Wenn es dem Teufel nicht gelingt, uns zu Sünde im moralischen Bereich zu verleiten, dann versucht er, unseren Stolz zu stärken, unseren Stolz auf die Geistesgabe, die wir besitzen, oder auf den „Erfolg" in unserem Dienst. Das war auch seine Taktik bei Gottes Diener David. Bei beiden großen Krisen, die David erlebte, lag letztlich Stolz zugrunde und führte zu seiner Niederlage. Sehen wir uns Davids Sünde mit Batseba an. Sie hatte ihre Wurzeln darin, daß David seine ungeheure militärische Macht kannte und nicht mehr Gottes Gebot folgte, daß der König immer dem Heer in die Schlacht vorausgehen soll. David übergab seinen Generälen, unter der Führung von Joab, die Leitung des Heeres von Israel, während er selbst im Palast zurückblieb, um sich zu entspannen und das Leben zu genießen. Diese Art des Stolzes, der Selbstsicherheit, das Gefühl, er sei so stark, daß er Gottes Weisung nicht mehr zu befolgen hätte, führten zu seinem tragischen Fall. Er erkannte schließlich, daß niemand von uns jemals den Punkt erreicht, wo er unabhängig vom Herrn sein könnte. Selbstsicherheit und Selbstvertrauen sind Stolz, und durch den Stolz wird Gott zu unserem Gegner, anstatt im Kampf unser Verbündeter zu sein.

Bei Davids zweitem großen Fehler in seinem Leben als König von Israel zeigte sich dieses Schema sogar noch deutlicher. Als Davids militärische Stärke ihren Höhepunkt erreicht und er alle seine Feinde unterworfen hatte und als der Teufel ihn nicht mehr in einem offenen Konflikt besiegen konnte, gab der Teufel David folgenden Gedanken ein: er solle seine Armee mustern und feststellen, wie stark das Heer tatsächlich sei. Als er Joab diesen Gedanken vortrug, erhob der General sofort Einspruch. Er wußte, daß die göttliche Anordnung keinem König von Israel erlaubte, seine tatsächliche militärische Stärke zu kennen, damit er nicht versucht würde, unabhängig von Gott zu handeln. Aber David wollte dies nicht hören, verlangte, daß die Armee gemustert wurde und brachte so den Zorn Gottes über sein Volk. Wir wissen aus dem Bericht in der Bibel, wie der Engel des Herrn ihm drei Strafen vorlegte und wie David wählte, in die Hand Gottes zu fallen. Sein großer Stolz kostete jedoch 70 000 Menschen in Israel das Leben (1. Chro. 21).

Gott wird nicht dulden, daß in seinen auserwählten Knechten der Geist des Stolzes herrscht. Und wir können nicht in Anspruch nehmen, von Gott gebraucht zu werden, wenn wir aus eigener Kraft arbeiten und von unserem Ehrgeiz angetrieben werden. Denn dann wird der Herr gegen uns sein. Das göttliche Gesetz sagt, daß Gott dem Stolzen widersteht, doch dem Demütigen Gnade schenkt. Es kann Zeiten geben, wo wir meinen, der Feind würde uns widerstehen, doch in Wirklichkeit ist es Gott, der gegen uns kämpft, weil unser Herz voller Stolz ist.

Der ständig gegenwärtige Feind

Ich weiß, daß es Menschen gibt, die behaupten, Gott würde Seine Salbung von Seinen Dienern nicht zurückziehen, selbst wenn diese ein unreines Leben führen. Sie könnten ihre Gaben trotzdem noch einsetzen und Menschen würden immer noch durch ihren Dienst errettet oder geheilt. Nun, diese Behauptung muß näher betrachtet werden. Es ist wahr, daß Gott in seiner Langmut gegenüber Seinem Volk offensichtlich bereit ist, Seine Diener auch dann zu gebrauchen, wenn sie kein heiliges Leben führen. Aber ich glaube, daß dies nur auf eine sehr begrenzte Zeitspanne zutrifft. Wenn keine Buße und kein Zerbruch geschehen, besteht die Gefahr, daß solche Diener des Wortes von Gott abfallen. Wenn ihre Gaben dann immer noch Kraft haben, so wird diese Kraft eher dem Einfluß okkulter Mächte, als der Kraft des Heiligen Geistes entspringen.

Wir dürfen nie vergessen, daß der Teufel sehr religiös ist und die Fähigkeit hat, Zeichen und Wunder zu vollbringen. In Matthäus 7 spricht Jesus von Menschen, die behaupten, in Seinem Namen Kranke geheilt, Dämonen ausgetrieben und Zeichen und Wunder getan zu haben. Aber den Herrn haben sie nie gekannt. Hier haben wir einen solchen Fall der dämonischen Machtübernahme. Jene Menschen hatten anfangs offensichtlich im Heiligen Geist gewirkt, gerieten dann jedoch auf Abwege, fielen von der Wahrheit ab und übten zum Schluß ihre Gaben durch okkulte Kräfte aus.

Das ist einer der Gründe dafür, warum wir unsere Aufmerksamkeit nicht ausschließlich auf „Zeichen und Wunder" richten sollten, sondern vielmehr darauf, daß wir lernen, dem Herrn zu folgen und Seinen Geboten zu gehorchen. Wir Christen sind manchmal sehr seltsame Leute. Der Herr befahl uns, das Wort der Wahrheit zu predigen, dann würde Er es mit Zeichen und Wundern bestätigen. Doch anstatt uns genau an diese Anweisung zu halten, lassen wir uns so in Bann schlagen von den Zeichen und Wundern, daß wir vergessen, das Evangelium zu predigen und zum Schluß nur noch versuchen, das hervorzubringen, was eigentlich nur ein Nebenprodukt sein sollte.

Als der Herr mir den Psalm 23 erklärte, begann ich zu sehen, daß es eine Voraussetzung für das Leben unter dieser neuen Salbung mit Öl und dem überfließenden Becher des Heiligen Geistes gibt. Es ist die Erfahrung, in jenen dunklen und einsamen Tunnel hinunterzugehen. Dies ist auch die Grundlage dafür, um Gottes Frieden zu erfahren, der Frieden, der mir ermöglicht, an Seinem Tisch zu sitzen und im Angesicht meiner Feinde zu essen. Das bedeutete vor allem, daß ich mich in Zukunft an den Gedanken zu gewöhnen hatte, daß in meiner unmittelbaren Nähe Feinde anwesend waren, daß sie mich aufmerksam beobachteten und sich wie dunkle Geier um meinen Tisch versammelten.

Ich wage zu sagen, daß diese Erkenntnis gerade in unserer Zeit wichtig ist, wo uns so viele weismachen wollen, ein siegreiches christliches Leben bestände darin, daß man wie ein geistlicher Batman hoch oben schwebt, weit weg von allen Problemen oder Schwierigkeiten. In bestimmten Kreisen des Leibes Christi scheint eine gewisse Art der Problem-orientierten Predigt vorzuherrschen. Sie versucht uns glauben zu machen, Gott habe uns dazu berufen, unsere geistliche Kraft und die Gaben des Geistes dafür einzusetzen, daß wir jede Schwierigkeit, der wir begegnen, aus dem Weg schaffen. Es gibt einige Christen in dieser Welt, deren einziges Ziel darin besteht, sich selbst von allen Schmerzen und Schwierigkeiten zu befreien. Sie setzen all ihre Kraft dafür ein, alles Unangenehme zu beseitigen, weil man ihnen fälschlicherweise gesagt hat, daß Menschen des Glaubens so handeln.

Leider liegt an diesem Punkt eine Verwirrung vor. Lehrt uns nicht das Neue Testament ganz deutlich, daß wir in den Kampf berufen sind und daß der Konflikt erst in der Minute aufhören wird, wenn Jesus Seinen Fuß auf den Ölberg setzen wird? Wir müssen uns an den Gedanken gewöhnen, daß in allem, was wir tun, und überall, wohin wir gehen, der Feind in der Nähe ist. Als sich der Psalmist auf grünen Auen befand, war es leicht für ihn, an Gottes Tisch zu sitzen. Doch wie erging es ihm im Angesicht all seiner Feinde? Hat der Herr uns nicht alle, mich eingeschlossen, gelehrt, daß der Feind zwar stark ist und nicht unterschätzt werden sollte, daß er aber trotzdem ein besiegter Feind ist, und daß er uns nicht überwinden kann, auch wenn er all seine Kraft einsetzt? In meinem Leben und im Leben meiner Familie hat er sich fraglos mächtig gemüht, doch am Ende hat Gott bewiesen, daß wir, die wir in Christus sind, nicht besiegt werden können.

Durch meine Tunnel-Erfahrung ist in mir eine völlig neue Einstellung zum Feind entstanden. Ich fürchte ihn nicht mehr. Ich weiß, daß er ein mächtiger Gegner ist, und ich möchte nichts tun, was ihm erneut Macht über mich geben würde. Aber ich weiß auch, daß er mich durch Gottes Gnade nicht endgültig schlagen, daß er mich nicht töten kann. Dank sei Gott für das vollendete Werk Jesu, des Herrn. Jetzt kann ich Gottes Frieden haben, wenn ich mich niedersetze, um mein geistliches Essen an Gottes Tisch zu mir zu nehmen, auch wenn ich weiß, daß der Feind mich beobachtet. Aber er kann mich nicht daran hindern, auf den Wegen des Herrn zu gehen. Aus eigener Erfahrung weiß ich, wie stark er sein kann, aber ich weiß noch etwas anderes: daß mein Herr noch viel stärker ist und Macht über den Feind hat. Was für eine gewaltige Lektion!

Kapitel 9

LASS GOTT GOTT SEIN

Als Gott mir in Seiner Macht und Gnade begegnete, entdeckte ich, daß Er mir nicht auf alle Fragen eine Antwort gegeben hatte. Ich entdeckte auch, daß es mir nicht mehr wichtig war, auf alle Dinge eine Antwort zu bekommen. Die mächtige Befreiung von meiner Vergangenheit und die wunderbare Aussicht auf die Zukunft waren genug. Gott zu begegnen, Seine Herrlichkeit zu sehen, das war die einzige Antwort, die ich brauchte und nach der ich mich sehnte.

Der Gott, der über alles herrscht

Ich weiß noch, wie der Herr in den ersten Monaten meiner Krankheit ein Wort aus Psalm 46, 11 sehr eindringlich in mein Herz sprach: „Seid stille und erkennet, daß ich Gott bin! Ich will der Höchste sein unter den Heiden, der Höchste auf Erden." Das Bemerkenswerte an diesem Wort ist der Zusammenhang, in dem Gott spricht. Psalm 46 schildert eine Situation, in der nur noch Chaos und Aufruhr im Lande herrschen. Es heißt in dem Psalm, daß Berge einstürzen und daß das Meer wütet, daß Nationen toben und Königreiche fallen. In dieser Krisensituation fordert Gott sein Volk nicht dazu auf, ihre Anstrengungen und Aktivitäten zu verstärken, um sich zu schützen. Vielmehr spricht er davon, daß sie still sein und Ihn als den erkennen sollen, der Er ist. Und gerade das fällt uns so schwer.

Genau dies war das eigentliche Problem in meinem Leben. Ich war im Dienst für Gott so mit Arbeit eingedeckt, daß das, was ich für den Herrn tat, mich daran hinderte, zum Herrn zu kommen und Ihn besser kennenzulernen. Kein Wunder, daß ich am Ende zusammenbrach. Selbst geistliche Arbeit hält uns von dem ab, was am nötigsten ist: zu Jesu Füßen zu sitzen und auf Seine Stimme zu hören. Der Herr Jesus warnte uns davor, uns von den Sorgen dieses Lebens so belasten zu lassen, daß wir kein geistliches Gespür mehr haben und nicht einmal mehr die Zeit erkennen können, wann der Herr zurückkommen wird.

Uns fällt es sehr schwer, klare Gedanken über die Frage des Dienstes für den Herrn zu fassen. Wir denken nämlich, daß vieles von dem, was wir für den Herrn tun, schon in sich selbst gerechtfertigt sei. Es gibt Menschen, die denken, es sei ein Ausdruck von Glauben, wenn sie sich an vielen Aktivitäten beteiligen. Ich bin zu dem Schluß gekommen, daß es eher ein Zeichen von Unglauben ist. Wir meinen, wir müßten die Lasten tragen und die Arbeit tun, sonst würde alles um uns herum zusammenbrechen, und Gott wäre in Schwierigkeiten. Nun, ich denke, Gott muß oft ein breites Lächeln auf Seinem Gesicht haben, wenn Er an all unsere wichtige Arbeit denkt, an unsere nervöse und fieberhafte Aktivität.

Tatsache ist, daß Gott in keiner Weise durch das beeinträchtigt wird, was hier unten auf der Erde vor sich geht. Das Erbeben von Bergen und Nationen erschüttert Ihn, der auf dem Thron sitzt, nicht im geringsten. Wenn Gott mit einer großen Rebellion konfrontiert wird, so wie der Aufruhr, der in Psalm 2 beschrieben wird, wo Könige, Fürsten und Herrscher sich vereinen, um Gottes Herrschaft abzuschütteln, so besteht Gottes Antwort in nichts anderem als einem Lachen. Denn Sein Thron steht für alle Zeiten fest, und Er hat bereits Seinen Gesalbten eingesetzt, Seinen König auf Seinem heiligen Berg Zion. Jesus, der Sohn Gottes, ist bereits zum König der Könige und zum Herrn der Herrn erklärt und als der einzige Herrscher des gesamten Universums eingesetzt worden. Alles untersteht Gottes Herrschaft. Ich erinnere mich an ein Loblied, das ich vor vielen Jahren in Schweden lernte:

> „Er hat alles in Seiner Hand,
> Ihm untersteht alles,
> und wenn ich Ihn preise,
> sehe ich, wer Er wirklich ist."

Wir können diesem großen Gott, der unser Gott ist, vertrauen und brauchen nicht zu denken, daß die Nöte auf unseren Schultern lasten.

Der Grund, warum es uns so schwer fällt, unsere Arbeit beiseite zu legen, still zu sein und Gott kennenzulernen, liegt darin, daß wir Angst haben, unsere Stellung oder unseren Dienst zu verlieren. Das zeigt unser mangelndes Vertrauen auf Gott und offenbart einen Geist des Unglaubens. Wir müssen da sein, um Ihm zu helfen, um Seine Arbeit aufrechtzuerhalten.

Denis Clark, der Gründer der Gebetsbewegung, zu der ich gehöre, und einer meiner geistlichen Väter, sprach vor vielen Jahren einmal zu einer Gruppe von christlichen Leitern. Ich werde nie vergessen, was er sagte: „Wenn man sich ansieht, wie viele Pastoren, auch einige von euch, Gottes Arbeit 'durchführen', kann man nur zu dem Schluß kommen, daß ihr glaubt, ihr wäret Gott." Ich ärgerte mich damals sehr über diese Bemerkung, weil ich selbst Pastor war. Denis hatte die Gabe, seine Zuhörer zu provozieren. Doch nachdem ich viel darüber nachgedacht habe, bin ich immer mehr zu dem Schluß gekommen, daß Denis recht hat. Viele Diener Gottes, die Verantwortung für eine Gemeinde oder eine übergemeindliche Organisation haben, verhalten sich so, als wären sie kleine Könige, sie haben alles, was ihrem Verantwortungsbereich untersteht, fest im Griff und erlauben niemandem, ohne ihre Zustimmung etwas zu tun. Wenn ich daran denke, wie ich früher Gott gedient habe, so fällt es mir nicht schwer, mich selbst in diesem Bild wiederzuerkennen.

Die Frage ist: Wer ist das Haupt der Gemeinde oder der Arbeit? Haben wir nicht manchmal diese Stellung eingenommen, die allein dem einzigen Haupt der Gemeinde gehört, Jesus, dem Herrn? Wenn dies so ist, dann nimmt es nicht Wunder, wenn wir in Arbeit versinken und am Ende ausgebrannt sind oder zusammenbrechen! Möchte irgendjemand von uns wirklich Gott sein und die Last der Verantwortung für die gesamte Schöpfung tragen? Wir sind nicht Gott, Gott sei Dank dafür. Wir sind nicht einmal Götter, wie einige moderne Irrlehrer uns einreden wollen. Wir sind einfach nur Menschen, die durch

Gottes Gnade die Ehre empfangen haben, in Seinem Haus stehen und Ihm dienen zu dürfen. Was für eine Erleichterung ist die Erkenntnis, daß Gott Gott ist. Wir können Ihm vertrauen und brauchen uns nicht auf unsere eigenen Aktivitäten zu verlassen. So viele Pastoren, Evangelisten, ja sogar ganze Gemeinden stehen unter großem Druck, weil sie Dinge in die Hand genommen haben, die nur Gott tun kann.

Über unser Verstehen hinaus

Es ist wunderbar, Männer und Frauen Gottes zu treffen, die Gott wirklich kennen. Ihr Leben strahlt Ruhe und Vertrauen aus, selbst wenn ihr Alltag von vielen Pflichten erfüllt ist. Sie verlassen sich nicht auf ihr eigenes Verstehen. In einer Zeit, wo die Diener Gottes alle Antworten haben müssen, ist es höchst segensreich, Menschen zu begegnen, die Gott gut genug kennen, um zu wissen, daß nur Gott die Antworten hat. Die größten Männer Gottes, denen ich begegnet bin, waren die, die wagten, auf einige meiner Fragen mit einem klaren: „Ich weiß es nicht!" zu antworten.

Wie anders sahen meine Erfahrungen mit denen aus, die glaubten, sie seien „Götter". Ich lernte einen jungen Diener des Wortes Gottes kennen, der mir sagte, er habe in keiner geistlichen Frage irgendwelche Zweifel und seine Heilungsgabe habe bisher 100%ig funktioniert – alle, für die er gebetet hätte, wären geheilt fortgegangen. Nun, ich wurde der erste, der nicht geheilt fortging, und natürlich gab es noch Dutzend andere. Das ist mir aus zuverlässigen Quellen berichtet worden. Jener Diener Gottes meinte jedoch, seine Behauptung würde von Glauben zeugen. Er wußte nicht, daß er log und unter seiner eigenen Torheit und geistlichen Unreife litt. Wir haben sicherlich alle schon die Worte von Paulus gelesen: „Wenn jemand meint, er habe etwas erkannt, so hat er noch nicht erkannt, wie man erkennen soll" (1. Kor. 8,2)! Es ist viel besser, Gott zu kennen, als alles zu wissen.

Als Hiob litt, wußte er nicht warum. Er konnte keine Antwort darauf finden. Nur seine drei sogenannten Freunde wußten alles und vergrößerten durch ihre Torheit noch seinen Schmerz und seine Not. Wenn jemand Freunde hat, wie Hiob sie hatte, braucht er eigentlich keine Feinde mehr. Während Hiob verwirrt in seinem Leiden dasaß, lieferte sie ihm sehr einfache, logische Antworten. Er hatte eine heimliche Sünde begangen, und Gott bestrafte ihn nun dafür. Er brauchte nur Buße zu tun für diese verborgene Sünde, dann wäre alles wieder in Ordnung. Wie falsch waren ihre Gedanken. Hiob kannte Gott gut genug, um zu wissen, daß Gott ihn nicht für etwas bestraften würde, was er unwissentlich getan hatte. Darum akzeptierte er die Antwort seiner Freunde nicht. Er wußte auch, daß Gott das Recht hat, Dinge in unserem Leben zu tun, die wir nicht verstehen. Daher ging die Diskussion weiter.

Niedergemäht von seinen theologischen Freunden, die wußten, wie alles im Leben verlaufen muß und wie Gott zu handeln hat, ließ sich Hiob zum Schluß ein wenig von ihren Gedanken anstecken. Er fing nun selbst an, Gottes Handeln in Frage zu stellen und mit dem Allmächtigen zu rechten. An diesem Punkt machte der Herr einen ungewöhnlichen Vorschlag, Er wollte die Rolle eines Studenten übernehmen und Hiob sollte als Sein theologischer Lehrer fungieren und Ihm sagen, wie Er sich im Blick auf Seine Schöpfung verhalten und was Er tun sollte. Doch Hiob erkennt, daß dies kein guter Gedanke ist, und schlägt sofort vor, es solle umgekehrt sein: Gott solle der Lehrer sein, und er, Hiob, würde demütig dem zuhören, was Gott ihn zu lehren habe. Nun gibt Gott Seinem Diener eine Unterrichtsstunde in Zoologie, Er beschreibt das Leben und die Natur des Krokodils. Gott schildert Hiob, wie dieses Monster unter den Tieren alles vernichtet, was ihm in den Weg gerät. Es ist äußerst stark und hält sich an kein Gesetz. Mitten in Seiner Lektion kommt der Herr zum wichtigsten Punkt: dieses schreckliche Geschöpf, das nichts Gutes tut und keinen erkennbar guten Zweck erfüllt, ist von Gott selbst erdacht und erschaffen worden! Da erkennt Hiob seinen entscheidenden Fehler: er hatte versucht, Gott zu begrenzen, Ihn in den Rahmen des menschlichen Verstandes hineinzupressen. Hiob wirft sich vor Gott nieder und spricht die folgenden Worte:

„Ich habe erkannt, daß du alles vermagst und kein Plan für dich unausführbar ist. Wer ist es, der den Ratschluß verhüllt ohne Erkenntnis? So habe ich denn meine Meinung mitgeteilt und verstand doch nichts, Dinge, die zu wunderbar für mich sind und die ich nicht kannte. Höre doch, und ich will reden! Ich will dich fragen, und du sollst es mich wissen lassen! Vom Hörensagen hatte ich von dir gehört, jetzt aber hat mein Auge dich gesehen. Darum verwerfe ich mein Geschwätz und bereue in Staub und Asche" (Hiob 42,2-6).

Hiob hatte versucht, Gott auf das zu begrenzen, was mit dem menschlichen Verstand begriffen werden kann, er hatte nicht zugelassen, daß Gott über diese Grenzen hinaus wirkte. Dies ist, als würden wir versuchen, Gott nach unserem Bild zu machen, anstatt zu erkennen, daß wir nach Seinem Bild geschaffen sind. Der Fluch des Humanismus in der christlichen Theologie verkleinert Gott auf die Ebene des Menschen. In Wirklichkeit heißt dies, daß Er nicht mehr Gott ist. Wenn Gott nur innerhalb der Grenzen des menschlichen Verstehens handeln kann, dann ist Er nicht mehr Gott, sondern ein Mensch wie wir. Das ist die tragische Folge vieler sogenannter theologischer Strömungen in unserer Zeit: Gott wird Seines göttlichen und übernatürlichen Wesens beraubt, und Sein Handeln darf nicht über den Bereich des menschlichen Intellekts hinausgehen.

Ich möchte Ihnen eine Frage stellen: Kann Gott in Ihrem Leben Dinge tun, die über das hinausgehen, was Sie bisher erfahren haben, und die den Rahmen Ihrer gegenwärtigen Theologie sprengen? Wenn nicht, dann werden Sie eines Tages in große Schwierigkeiten geraten, weil Gott in diesen letzten Tagen in der Geschichte und im Leben Seiner Kinder in einer Weise wirken wird, die über unser Verstehen hinausgeht!

Ich habe in den letzten Jahren erlebt, wie Gott systematisch meine Theologie zerstört hat. Ich weiß noch, wie ich zu Anfang der geistlichen Erneuerung hörte, daß einige Lutheraner im Heiligen Geist getauft worden seien und sogar in neuen Zungen sprachen. Ich konnte es einfach nicht glauben. Die Zungenrede gab es doch nur bei uns Pfingstlern, und außerdem hatten diese Lutheraner doch die falsche Wassertaufe! Wie konnte Gott solchen Menschen begegnen und sie mit der Gabe Seines Geistes segnen? Doch ich mußte mich vor der Tatsache beugen, daß Lutheraner, die ich persönlich kannte, tatsächlich mit dem Heiligen Geist getauft waren. Es dauerte eine Weile, bevor ich das verarbeitet hatte, aber es kam noch viel schlimmer. Einige Zeit später hörte ich, daß sogar einige Katholiken die Kraft des Geistes Gottes empfangen hatten. Das war einfach zu viel. Als echter Pfingstler hatte ich immer geglaubt, daß Katholiken keine echten Christen seien und daß es sich beim Papst um den Antichristen persönlich handle. Daher war ich der Überzeugung, daß der katholische Glaube mehr vom Teufel war als von Gott. Aber mir wurde gezeigt, daß ich sehr im Unrecht war. Einige der Gott-ergebensten Menschen, die ich kenne und die mit dem Heiligen Geist erfüllt sind, sind charismatische Katholiken. Gott hatte weit über mein geistliches Verständnis hinaus gewirkt, und Er hatte dies getan, ohne mich zu fragen!

Wenn wir nur Gott Gott sein lassen und Ihn als den großen und souveränen Gott ehren könnten, dessen Herz und Gedanken so viel größer sind als unsere. Sagt der Herr Seinem Volk nicht durch den Propheten Jesaja, daß Seine Wege und Seine Gedanken so viel höher sind als unsere, so wie der Himmel höher ist als die Erde? Denken wir, wir hätten Gott erkannt? Oder kann Er in Seinem unbegrenzten Wesen uns begrenzte Menschen immer noch überraschen? Hiob erhielt nie eine Antwort auf die Frage, warum er so viel hatte leiden müssen. Mindestens wird uns in der Bibel nichts davon berichtet. Auch ich bekam keine direkte Antwort auf die Frage, warum ich durch jenen dunklen Tunnel hatte gehen müssen. Aber durch all das begegnete ich dem König von Angesicht zu Angesicht. Und wie Hiob kann ich heute sagen: „Vom Hörensagen hatte ich von dir gehört, jetzt aber hat mein Auge dich gesehen" (Hiob 42,5)! Es gibt viele Dinge, auf die wir diesseits der Ewigkeit nie eine Antwort bekommen werden. Gott gibt uns diese Antworten zum Teil deshalb nicht, weil wir nicht Seine Fähigkeit haben, Dinge zu verstehen. Zum Teil gibt Er sie uns auch nicht, weil uns zu viel

Wissen nur dazu verleitet, von Gott wegzugehen und Ihn nicht als den kennenzulernen, der so viel größer und weiser ist als wir.

Kapitel 10

STÄRKE DEINE BRÜDER

Wenn ich die Krise, die ich durchgemacht habe, an irgendeiner biblischen Gestalt verdeutlichen kann, dann gewiß an Simon Petrus. Natürlich würde ich es nie wagen, mich in irgendeiner anderen Hinsicht mit diesem großen Diener Gottes zu vergleichen. Auch kann ich nicht sagen, daß ich den Herrn in gleicher Weise verleugnete, wie er es tat. Aber seine Erfahrung des Versagens, der Niederlage, der Zerbrochenheit und der schließlichen Wiederherstellung sind meinem Erleben sehr ähnlich.

Gesichtet wie Weizen

Jedenfalls wurden mir die Worte, die der Herr Jesus zu diesem Anführer der Jünger sprach, direkt vom Herrn gegeben, und zwar nicht nur während der Zeit meiner Prüfung, sondern auch an dem Morgen, wo das Heilungswunder stattfand:

> „Simon, Simon! Siehe, der Satan hat euer begehrt, euch zu sichten wie den Weizen. Ich aber habe für dich gebetet, daß dein Glaube nicht aufhöre; und wenn du einst zurückgekehrt bist, so stärke deine Brüder" (Lk. 22,31-32).

Der Herr sah keine andere Möglichkeit, den Geist der Selbstsicherheit und des Selbstvertrauens in Petrus' Herz zu brechen, als zuzulassen, daß er jene schreckliche Erfahrung machte. Denn ein Knecht, der nicht zerbrochen ist, ist nutzlos für den Herrn. Wenn wir eigensinnig sind und nicht bereit, uns dem Kreuz zu unterwerfen, dann hat Gott keine andere Alternative, als uns in die Hände des Feindes fallen zu lassen. Satan fordert ständig von Gott, dieser möge ihm freie Hand mit uns lassen. Er ist der Ankläger der Brüder, der sie Tag und Nacht vor Gott verklagt.

Anhaltende Rebellion und Härte des Herzens wird Gott schließlich dahin bringen, daß Er den Forderungen des Teufels nachgibt. Das gleiche ist bei nicht bereinigter Sünde jeder Art der Fall. Gott hat keine andere Wahl, weil der Schöpfer des Universums sich den Regeln und moralischen Gesetzen beugen muß, die Er selbst geschaffen hat. Sünde, Rebellion und Stolz geben Satan Macht, sowohl im Leben von Menschen als auch in der Schöpfung. Satan regiert nur dort, wo an Sünde festgehalten und Gottes Gnade und Vergebung abgewiesen wird. Gott mußte der Forderung Satans nachgeben, der Petrus wie Weizen sichten wollte.

Ich muß an dieser Stelle sehr deutlich sagen, daß ein wesentlicher Teil meines Leidens durch meinen eigenen Ungehorsam verursacht worden war. In dieser Hinsicht kann ich mich mit Petrus vergleichen, nicht jedoch mit Hiob, der meiner Meinung nach allein darum litt, weil Gott bestimmte Ziele verfolgte. Doch aufgrund der Worte, die der Herr an jenem Morgen zu mir sprach, kann ich auch sagen, daß ich zum Teil litt, um für den Dienst vorbereitet und ausgerüstet zu werden. Ich sollte etwas empfangen, was mich dazu in die Lage versetzte, meine Brüder zu stärken.

Dieses Element war ohne Frage auch in Petrus' Krise erkennbar. Der Ausdruck „wie Weizen zu sichten" ist sehr viel positiver, als er klingt. Der Herr wies auf die Tatsache hin, daß Satan in seinem Versuch, Petrus zu zerstören, nicht zu weit gehen durfte, weil Gott ihm eine Grenze gesetzt hatte. Am Ende würde sich herausstellen, daß die Versuchungen und Leiden, mit denen Gottes Knecht geplagt wurde, Gottes Absichten dienten. Ist das nicht ein höchst ermutigender Gedanke? Wie wir uns erinnern werden, setzte der Herr dem Wirken Satans auch in Hiobs Fall eine Grenze: Er durfte Hiobs Besitz, seine Gesundheit und seine Familie antasten, aber ihm nicht das Leben nehmen. Gott setzte dem Feind eine Grenze. Das zeigt uns, daß unser Gott tatsächlich souverän ist und daß der Feind nicht über das hinausgehen kann, was Gott ihm gestattet und was Gottes Plänen dient.

Das macht die Gefahr der Angriffe des Feindes nicht zunichte, und wir dürfen nie meinen, wir könnten auf irgendeinem Kissen der „ewigen Sicherheit" „schlafen". Auch wenn Gott eine Grenze setzt, sind unsere Reaktion und unsere Antwort auf die ganze Situation von entscheidender Bedeutung. Wenn auch der Teufel nicht vermag, uns das Leben zu nehmen, und das ist immer sein Ziel, dann besteht immer noch die Möglichkeit, daß wir dies unter dem Druck des Leidens und des Grauens selbst tun. Hiobs kritischster Moment war meiner Ansicht nach, als seine Frau ihm den Vorschlag machte: „Sage Gott ab und stirb!" Diese Worte waren eine große Versuchung. Das Ziel des Teufels besteht immer darin, daß wir den Herrn verlassen, daß wir Gott den Rücken kehren und von unserem Glauben an Ihn abfallen. Dank sei Gott hörte Hiob in dieser Frage nicht auf seine Frau, sondern fürchtete Gott auch weiterhin mehr als alles andere.

Worin bestand nun der tiefere Sinn der Versuchung des Petrus? Er bestand darin, daß die Spreu in seinem Leben vom Weizen getrennt werden sollte! Genau dies geschieht im Prozeß des Sichtens. Wenn früher gesichtet wurde, als man noch keine Maschinen für diesen Vorgang hatte, breitete man den Weizen auf der Erde aus und ließ die Ochsen darüber gehen, bis die Spreu abgesprungen war. Dann warf man mit großen Gabeln den Weizen in die Luft, so daß der Wind die leichte Spreu wegblies und der schwere Teil, die Weizenkörner, wieder auf die Erde fielen. Die Folge war eine vollkommene Trennung der beiden Elemente. Das war auch das Ergebnis bei Petrus' Prüfung. Jene schmerzvolle Krise zerbrach seinen Stolz und das Vertrauen auf seine eigene Kraft. Als er später in tiefer Buße dem Herrn neu begegnete, war die Spreu seines eigenen Stolzes verschwunden und übrig geblieben in seinem Herzen war das kostbare Korn des Glaubens.

Dem Teufel brachte sein wütender Angriff kein Gewinn. Stattdessen half er Gott, Seinen Diener zu reinigen und zu läutern. Bemerkenswert ist, daß der Herr, als Er Petrus' Versuchung voraussagte, nicht betete, er möge davor bewahrt werden, in die Hände Satans zu fallen. Sondern er betete, daß Petrus dann, wenn er der Macht des Feindes übergeben werden würde, nicht den Glauben verlieren möge. Es ist deutlich, daß Jesus bei seinem Gebet das Ziel hatte, Petrus von sich selbst zu befreien und seinen Glauben zu stärken. Ist dies nicht ein biblisches Prinzip, daß sich überall in der Schrift wiederfindet? Auch der Apostel Petrus spricht in seinen Briefen immer wieder davon.

Zum Beispiel an dieser Stelle:

„Darin frohlockt ihr, die ihr jetzt eine kleine Zeit, wenn es nötig ist, in mancherlei Versuchungen betrübt worden seid, damit die Bewährung eures Glaubens viel kostbarer erfunden wird als die des vergänglichen Goldes, das aber durch Feuer erprobt wird, zu Lob und Herrlichkeit und Ehre in der Offenbarung Jesu Christi" (1. Petr. 1,6-7).

Das war auch das Zeugnis Hiobs:

„Denn er kennt den Weg, der bei mir ist. Prüfte er mich, wie Gold ginge ich hervor" (Hiob 23,10).

Denen, die abstreiten, daß im Leben des Christen auch Versuchungen und Leiden ihren Platz haben, kann ich nur sagen, daß sie sich nicht nur weit von der Wahrheit entfernt haben, sondern daß sie auch Gottes Kindern die Möglichkeit rauben, geistlich zu wachsen und stark zu werden! Ganz gleich, wie sehr wir versuchen, unseren eigenen Glauben zu stärken, wir werden Gottes Glauben nur dann ergreifen können, wenn wir bereit sind, die Züchtigung des Heiligen Geistes in unserem Leben zu bejahen.

Gott sei alle Ehre

Der Hauptzweck jeder Prüfung ist natürlich, den Namen Jesu zu verherrlichen. Was dies betrifft, befinde ich mich in einer sehr glücklichen Lage. Ich kann mit nichts prahlen, was in mir ist. Stattdessen kann ich den Namen Jesu in einer Weise verherrlichen, wie ich es zuvor nie konnte. Das ist der eigentliche Zweck meines Zeugnisses, die Kraft und die Herrlichkeit des Herrn Jesus, meines Herrn und meines Messias, sichtbar zu machen. Als Gott mich durch jenen Feuerofen führte, war sein Hauptbeweggrund, mich zu einem lebendigen Beweis für Seine Gnade und Kraft zu machen, damit Sein Name überall dort gepriesen und angebetet wird, wohin ich gehe und meine Geschichte erzähle.

Im ersten Jahr meiner Heilung habe ich nicht eine einzige Gelegenheit ungenutzt gelassen, wo ich von Seiner Liebe und Kraft erzählen konnte. Ab und zu haben einige Menschen dagegen protestiert. Die Gründe dafür habe ich nie wirklich verstehen können. Aber daran kann ich auch nichts ändern. Am Morgen des 25. Februar 1989 sagte der Herr mir ganz konkret, ich solle überall dort, wo in den vergangenen Jahren meine Schwachheit und mein Versagen sichtbar geworden seien, Seinen Namen durch meine Erfahrung verherrlichen. Ich will diese Bitte des Herrn treu erfüllen. Das ist auch der Grund, warum ich dieses Buch schreibe. Ich möchte, daß so viel Menschen wie möglich die Herrlichkeit Gottes sehen und ermutigt werden, Ihm zu folgen und Ihm in größerer Tiefe zu vertrauen.

Doch es gibt noch eine weitere Antwort auf die Frage, warum Gott mich durch jene tiefen Wasser geführt hat. Er wollte mir ein Zeugnis geben, das meine Brüder stärken konnte, so wie Er zu Petrus sagte: „Und wenn du einst zurückgekehrt bist, so stärke deine Brüder." Ich bin heute in der Lage, einen „lebendigen" Beweis für Gottes Auferstehungskraft zu geben. Ich kann nicht nur davon reden, sondern ich bin selbst ein lebender Beweis für Seine Liebe und Kraft!

Genauso verstand auch Paulus seine Prüfungen.

„Gepriesen sei der Gott und Vater unseres Herrn Jesus Christus, der Vater der Erbarmungen und Gott alles Trostes, der uns tröstet in all unserer Drangsal, damit wir die trösten können, die in allerlei Drangsal sind, durch den Trost, mit dem wir selbst von Gott getröstet werden. Denn wie die Leiden des Christus überreich auf uns kommen, so ist auch durch den Christus unser Trost überreich. Sei es aber, daß wir bedrängt werden, so ist es zu eurem Trost und Heil; sei es, daß wir getröstet werden, so ist es zu eurem Trost, der wirksam wird im geduldigen Ertragen derselben Leiden, die auch wir leiden" (2. Kor. 1,3-6).

Aus diesem Abschnitt wird sehr deutlich, daß Gott ein Ziel hat mit unseren Prüfungen – Er will uns befähigen, den Gliedern des Leibes Christi zu dienen.

Zunächst einmal war da die Tatsache, daß ein Mann wie ich, der Sicherheit und Glauben ausgestrahlt hatte, Schmerzen, Zweifeln und Depressionen zum Opfer fallen konnte. Dies allein schon bedeutete seltsamerweise eine Hilfe für Menschen, die dachten, sie seien besonders schwach und hoffnungslos, und geistliche „Supermänner" hätten eben übernatürliche Kraft. Immer wieder haben mir Menschen gesagt, daß sie getröstet worden seien, als sie gesehen haben, daß ein bekannter Diener des Herrn genauso schwach und menschlich ist wie sie auch. Es hat ihnen geholfen, den Gedanken zu überwinden, sie seien verdammt und verworfen. Es ist tröstlich zu wissen, daß man nicht allein ist und daß es nicht völlig unnormal ist, mit Problemen, Leiden und Krankheit konfrontiert zu sein. Wir sind alle schwach, wir sind alle aus Erde gemacht, aus Staub, und stehen unter der Verderbtheit des Sündenfalls. Keiner ist vor den Auswirkungen der Sünde geschützt, und keiner ist völlig ohne Fehler und Schwachheiten, keiner ist bereits vollkommen und heilig. Wir alle müssen in diesem Leben durch Leiden gehen. Alle anderen Behauptungen sind Unsinn und entsprechen nicht der Wirklichkeit.

Ein weiterer Punkt, der viele Menschen getröstet hat, ist die Tatsache, daß ein Mensch einen Punkt erreichen kann, wo sein Zustand absolut auswegs– und hoffnungslos erscheint. Und trotzdem kann er erneuert werden, selbst wenn er keinen Glauben mehr hat, selbst wenn ihm all die guten Ratschläge und Therapien nicht helfen, wenn er von allen aufgegeben ist und sich auch selbst aufgegeben hat. Aber Gott gibt nicht auf, sondern kommt in der letzten Minute und macht alles heil. In manchen depressiven Menschen ist neue Hoffnung und Erwartung entstanden, weil sie erkannt haben, daß es sogar für tief depressive und seelisch gestörte Menschen möglich ist, Befreiung und Heilung zu erfahren. Sie haben auch erkannt, daß Gott das letzte Wort hat und daß der Teufel nicht weiter gehen darf, als Gott es ihm erlaubt. Gott hat eine Grenze gesetzt, und selbst wenn wir nicht wissen, wo wir sind und was wir tun, dann hat Gott doch immer noch alles in der Hand. Ich habe gehört, wie viele Brüder und Schwestern ihrem Dank dafür Ausdruck gegeben haben, daß Gott zu Seiner Zeit wirkt, und wenn wir beschließen, geduldig zu sein und nicht versuchen, die Situation durch menschliche Kraft zu verändern, wird Er kommen, manchmal reichlich spät, aber niemals zu spät!

Für manche äußerst bedrängte Kinder Gottes bedeutete es auch einen enormen Trost, durch meine Prüfung zu verstehen, daß Gott in Liebe an uns handelt, daß unser Leiden einen Sinn hat, daß es zu persönlicher Stärke und zum Wachstum führen wird, dahin, daß wir in das Bild Jesu geformt und verwandelt werden und später dazu in der Lage sind, anderen kranken Gliedern des Leibes Jesu zu helfen und ihnen zu dienen.

In diesem Zusammenhang sind Menschen auch ungeheuer ermutigt worden durch die Erkenntnis, daß sie nicht unbedingt eine klare Antwort darauf finden müssen, warum sie durch dieses Leiden gehen, und daß sie wahrscheinlich erst dann eine Antwort auf ihre Situation oder die Situation eines anderen Menschen bekommen werden, wenn wir alle in Herrlichkeit vor dem Herrn stehen. Doch Gott kann ihnen Seinen Frieden geben, der alles Verstehen übersteigt, und ihre Gedanken und Herzen in Christus bewahren, ob sie nun Antworten finden können oder nicht.

Die größte Ermutigung besteht darin, daß Gottes Wunder nicht der Vergangenheit angehören, sondern daß Er auch noch in den 90er Jahren des Jahrhunderts, das vielleicht das letzte unseres Zeitalters ist, übernatürliche Taten vollbringt, daß für Gott nichts unmöglich ist und daß ein Heilungsprozeß keine lange Zeit in Anspruch nehmen muß. Die Tatsache, daß Gott erneut bewiesen hat, Er ist der Gott, „der die Toten erweckt", hat die Brüder auf der ganzen Welt getröstet und gestärkt. Die Zeit des übernatürlichen Handelns Gottes ist nicht vorbei. Im Gegenteil, ich glaube, wir befinden uns in der letzten Zeit der Geschichte der Kirche Jesu, wo die „Taten der Apostel" im Leben des Volkes Gottes wieder zu etwas Alltäglichem werden.

Es ist mir eine Freude, daß ich überall dort, wo ich in meinem Dienst hinkomme, für depressive Menschen beten kann. Zu Gottes Ehre kann ich sagen, daß etliche echte Hilfe erfahren haben und einige sogar sofortige Befreiung. Natürlich haben depressive Menschen jetzt einen besonderen Platz in meinem Herzen. Das ist ein Teil der ewigen Pläne Gottes für mein Leben.

Eine letzte Sache. Die Beendigung meiner Krise hat viel Trost und Ermutigung im Bereich des Gebets bewirkt. Menschen haben gesehen, daß Gebet Lohn mit sich bringt und daß Gott auf lange Zeit gesehen selbst das kleinste und schwächste Gebet Seiner Kinder ehrt. Menschen, die schon über eine lange Zeit für andere gebetet haben, sind in ihrer Fürbitte erneuert und erquickt worden. Sie haben erkannt, daß sie ihre Zeit nicht verschwendet haben und daß ihr treuer Gebetsdienst zu Gottes festgesetzter Zeit mächtige Folgen haben wird. So wie zu Recht gesagt wird, daß wir Gott im Geben nicht übertreffen können, so gilt noch viel mehr, daß niemand umsonst zu Gott betet. Er gibt denen, die Ihn suchen, nach wie vor Seinen Lohn!

Kapitel 11

WIEDER JUNG WIE EIN ADLER

Es gibt noch zwei weitere Bibelstellen, über die der Herr zu mir sprach, während ich Ihm an jenem wundervollen Auferstehungsmorgen zuhörte.

Der Töpfer und der Ton

Er erinnerte mich an das Wort, das, zusammen mit Psalm 46,10, mir als allererstes in den Kopf kam, als ich erkannte, daß ich krank war. In meine Gedanken wurde damals ein lebendiges Bild des Töpfers und seines Tons gemalt, so wie er in Jeremia 18 beschrieben wird. Das erste Gefäß war nicht so geworden, wie der große Töpfer es geplant hatte. Der Herr ließ mich verstehen, daß dies nicht daran lag, daß die Hände des Töpfers nicht geschickt genug gewesen wären, sondern an der schlechten Qualität des Tons und dessen hartnäckigem Widerstand, sich nach dem göttlichen Willen formen zu lassen.

Wie erstaunlich ist es da, daß der große Töpfer den schlechten Ton nicht verwirft und ihn zum Abfall tut. Ein heutiger Töpfer hätte dies getan und mit neuem, besserem Ton noch einmal von vorne begonnen. Ton war noch nie teuer. Aber anstatt den wertlosen Ton wegzuwerfen, beschließt der große Töpfer, den Ton zu kneten und ihn dadurch weicher, geschmeidiger und formbarer zu machen. Der Herr sagte mir, daß die drei Jahre der Not genau diesem Zweck gedient hätten. Er hatte mich durch die Umstände der körperlichen und seelischen Schwachheit zerbrochen und mir einen zerbrochenen Geist und ein zerschlagenes Herz gegeben, so daß Er mich noch einmal neu formen konnte, zu einem Gefäß, das Seinen Vorstellungen entsprach.

Das Bemerkenswerte an diesem Gleichnis in Jeremia 18 ist, daß der Herr bei Seinem zweiten Versuch das Gefäß nicht nach dem ursprünglichen Entwurf formt, sondern jetzt etwas Neues daraus macht. Der Herr zeigte mir, daß ich nach allem, was ich durchgemacht hatte, nicht auf die alten Wege zurückkehren sollte. Er hatte etwas anderes, etwas Neues für mich bereit, eine Umformung meines Lebens und Dienstes, die sich auf Seine Kenntnis meines Charakter und meines Temperaments gründete. Seine Pläne für meinen Dienst in der Zukunft sahen so aus, daß ich mich aus einigen Bereichen zurückziehen sollte, dafür würde Er mich aber in einige neue Bereiche hineinführen. In all dem würde ich sehr achtsam der Leitung des Herrn folgen müssen. So lauteten die Worte, die Er zu mir sprach. Ich war ein neues Gefäß, geformt, um Gottes Plänen dienen zu können.

Gottes ewige Pläne

Diese Worte waren für mich von sehr praktischer Natur. Weil ich meine bisherigen Aufgaben und Verantwortungsbereiche abgegeben hatte, mußte ich nach meiner Heilung den Herrn suchen und Ihn fragen: Was jetzt? Was sollte ich tun und wohin sollte ich gehen? Natürlich hatte ich erwartet, daß Gottes Antwort in einem systematischen Terminplan für die nächsten Jahre bestehen würde, aber dem war nicht so. Ich befand mich an einem neuen Ort, und dort brauchte ich das alte System nicht mehr. Der Herr sagte mir nichts weiter als einfach nur die Worte aus Epheser 2,10: „Denn wir sind sein Gebilde, in Christus Jesus geschaffen zu guten Werken, die Gott zuvor bereitet hat, damit wir in ihnen wandeln sollen." Es war nicht nötig, daß ich mir um meinen Dienst in der Zukunft Sorgen machte, und es war auch nicht nötig, daß ich versuchte, meine eigene Planung zu entwickeln. Gott hatte bereits einen gut vorbereiteten, detaillierten Plan mit konkreten Aufgaben, und ich mußte nichts anderes tun, als diesen schon vorgeplanten Weg zu entdecken und auf ihm zu gehen.

Es ist wirklich fantastisch, wenn man darüber nachdenkt. Das griechische Wort für „zuvor" bedeutet nicht nur letzte Woche, nicht einmal letztes Jahr, sondern von Grundlegung der Welt an. Gott hat nicht die mindeste Unklarheit darüber, was wir Seinem Willen gemäß für Ihn tun sollen, bei Ihm gibt es keine Berufungen oder Aufgaben in letzter Minute. Die Pläne sind von Beginn der Zeit an vorbereitet, und wir können still in Seinen Händen ruhen und einfach nur versuchen, herauszufinden, was der Geist Gottes sagt und was Er uns zeigt, das wir tun sollen.

Nachdem der Herr mir die Worte aus dem Epheserbrief gesagt hatte, zeigte Er mir ein paar Dinge als Richtlinien für meinen zukünftigen Dienst. Ich sollte meine sieben Leitungspositionen nicht wieder aufnehmen. Ich sollte nicht in der Leitung meiner Gemeinde bleiben. Der Herr würde mir zunächst nur in einem Bereich eine leitende Stellung geben, ich sollte vollzeitlich als Koordinator der Internationalen Fürbitter dienen. Ich sollte nicht mehr allein arbeiten, sondern mich mit anderen, die im selben Dienst standen, zu einem Team zusammenschließen.

Als ich den Herrn später fragte, mit wem ich bei meinem zukünftigen Dienst für die Internationalen Fürbitter zusammenarbeiten solle, ließ Er mich wie auf einem Bildschirm unsere guten Freunde Barbara und Berthold Becker aus Deutschland sehen. In einer Vision erschienen sie Hand in Hand, lächelten mich an, sagten jedoch kein Wort. Daraus folgerte ich, daß der Herr Erna, meine Frau, und mich dazu berufen hatte, uns mit Barbara und Berthold Becker zusammenzuschließen. Und das ist auch geschehen. Heute leben wir in Süddeutschland, teilen uns mit Berthold ein Büro und fühlen uns sehr wohl und glücklich. Ein weiteres Wunder Gottes war die Geschichte, wie wir ohne Geld einen so großen Umzug in ein anderes Land bewerkstelligen konnten. Wir können nur sagen, daß sich das Wort des Herrn bis in alle Einzelheiten erfüllt hat, und wir geben Ihm alle Ehre dafür.

„Warte auf den Herrn"

Als ich in der Wüste der Verzweiflung wanderte, hat mir mehr als einmal das Wort aus Jesaja 40,30-31 in den Ohren geklungen:

> „Männer werden müde und matt, und Jünglinge straucheln und fallen; aber die auf den Herrn harren, kriegen

neue Kraft, daß sie auffahren mit Flügeln wie Adler, daß sie laufen und nicht matt werden, daß sie wandeln und nicht müde werden." (Luther)

Ich konnte mich ohne Schwierigkeiten mit den Männern identifizieren, die müde und matt werden, obwohl sie in der Blüte des Lebens stehen und sich auf dem Höhepunkt ihrer körperlichen Kraft befinden. Ich war schon in reichlich jungem Alter ausgebrannt.

Ein Freund sagte mir, daß ich vor meinem Zusammenbruch ungewöhnlich jung für mein Alter ausgesehen habe, doch nachdem ich mit jener Dunkelheit geschlagen wurde, habe ich wie ein 80jähriger Mann ausgesehen und mich entsprechend bewegt und verhalten. Nun, ich habe erlebt, daß sich sogar die körperlichen Reserven eines jungen Mannes schnell verbrauchen, wenn er aus eigener Kraft lebt. Ich war nicht mehr an Gottes Kraft angeschlossen gewesen, ich lebte nicht mehr im Heiligen Geist, dessen ewiges Leben und ewige Kraft unerschöpflich sind.

Im selben Kapitel von Jesaja steht, daß Gott, der ewige Gott, der Herr, der Schöpfer der Enden der Erde, nicht müde und matt wird und daß Seine Kenntnis unausforschlich ist. Und dann folgt die gute Nachricht: die auf den Herrn warten, erneuern ihre Kraft und steigen auf wie Adler. Wie an vielen anderen Stellen der Bibel vergleicht die Schrift auch hier das geistliche Leben mit dem Leben und dem Wesen eines Adlers. Im Leben des Adlers gibt es einen Punkt, an dem eine sehr ungewöhnliche Veränderung stattfindet. Wenn ein Adler zwei Jahre alt ist, verliert er seine weißen Flugfedern, mit Hilfe derer er vorher in die Luft aufsteigen konnte. Eine Zeitlang muß er in einer Felsspalte sitzen und warten, bis die neuen blauen Flugfedern des erwachsenen Adlers zu voller Länge ausgewachsen sind. Dann kann er sich vom Felsen hinabstürzen und hoch hinauf fliegen, höher als je zuvor.

Diese Zeit des Wartens ist für diesen lebhaften Raubvogel alles andere als angenehm. Vollkommen abgeschnitten von seinem normalen Leben muß er sitzen, warten und zusehen, wie die anderen Adler im Sonnenschein hoch hinaufsteigen. Wenn der „wartende" Adler endlich wieder fliegen kann, können wir davon sprechen, daß er „wieder jung ist". Er erlebt seine zweite Jugend. Von diesem Hintergrund her leitet sich der Ausdruck ab, daß man „wieder jung wird wie ein Adler", ein Satz, der sich in dem wunderbaren Erlösungspsalm, Psalm 103, findet:

„Lobe den Herrn, meine Seele,
und vergiß nicht, was er dir Gutes getan hat.
Der dir alle deine Sünden vergibt
und heilet alle deine Gebrechen,
der dein Leben vom Verderben erlöst
und dich krönt mit Gnade und Barmherzigkeit,
der deinen Mund fröhlich macht
und du wieder jung wirst wie ein Adler." (Luther)

Genau das habe ich erlebt. Die Leute in meiner Umgebung sagen mir, daß ich jünger und kräftiger aussehe als vor meiner Prüfung, und es stimmt, daß ich mich im Herzen und im Geist vollkommen erneuert fühle. Durch die Gnade Gottes habe ich eine „zweite Jugend" erhalten, vielleicht nicht unbedingt in meinem Körper, aber gewiß in meinem Geist. Ich habe mich nie besser gefühlt, und durch Gottes Gnade war ich noch nie so stark wie jetzt. Dies ist ein neuer Abschnitt in meinem Leben. Ich erfahre eine neue Freiheit im Heiligen Geist, mich hoch hinauf an himmlische Orte zu schwingen. Das Leben ist für mich neu geworden, und ich kann nur sagen, daß diese neuen „blauen Federn" des ausgewachsenen Adlers viel besser sind als die „weißen Federn" der Kindheit. Das Leben und der Dienst für Gott in diesem „zweiten Gefäß" ist viel besser als in dem ersten, das in Stücke brach. Das ist es, was ich unter „geistlicher Erneuerung" verstehe!

Gott verheißt allen Seinen Kindern diese Art der Erneuerung, vorausgesetzt daß sie wissen, was es heißt, auf Ihn zu warten. „Die auf den Herrn harren, kriegen neue Kraft, daß sie auffahren mit Flügeln wie Adler"! Diese lebenswichtige geistliche Wahrheit des „Wartens auf den Herrn" ist von den vielen „Aktivitätsorientierten" Lehren zurückgedrängt worden, die den Leib Christi in unserer Zeit überfluten, und das ist wahrscheinlich einer der wichtigsten Gründe dafür, warum so viele Brüder und Schwestern müde und ausgebrannt sind.

Ich muß jedoch hinzufügen, daß Warten schwer ist für Menschen, die, so wie ich, ungeduldig sind. Aber das Warten ist ein Teil des Reiches Gottes, der großen Lohn bringt. Ein altes Sprichwort bei uns in Dänemark lautet: Wenn du lange genug wartest, wirst du vielleicht König von Schweden! Nun, ob das stimmt, weiß ich nicht. Heute müßte man sehr lange warten, weil der König von Schweden noch jung ist. Aber trotzdem enthält dieses Sprichwort viel Wahres, sowohl im Blick auf das normale Leben, als auch im Blick auf das geistliche Leben. Ich weiß noch, daß ich immer beeindruckt war von der Weise, wie David König von Israel wurde. Von dem Zeitpunkt an, wo er berufen wurde, bis zu dem Tag, an dem er tatsächlich als König über Israel herrschte, mußte er 20 Jahre warten. Warten wurde für David zu einer Lebensweise. Er hatte zwar Verheißungen von Gott empfangen, aber er mußte lernen, zu Gottes Zeit zu handeln. Bei Saul war dies ganz anders. Er wurde praktisch über Nacht zum König gemacht, und eine seiner größten Charakterschwächen war ein impulsiver, ungeduldiger Geist, der ihn schließlich den Thron kostete.

Auch Gottes Knecht Mose mußte lernen, auf den Herrn zu warten. Seiner impulsiven Natur hatte er es zu verdanken, daß er 40 Jahre lang in der Wüste leben mußte. Dort erkannte er, daß Gottes Befreiung Seines Volkes zu Gottes festgelegtem Zeitpunkt geschehen mußte.

Selbst der Sohn Gottes mußte warten. Es ist ein unglaublicher Gedanke, daß Jesus in den ersten 30 Jahren Seines Lebens als ganz normaler Zimmermann lebte, bis Gottes Zeitpunkt gekommen war und Sein öffentliches Wirken begann.

Ich finde es beunruhigend, daß heute gelehrt wird, wir könnten hier und jetzt alles erleben, was Gott für uns bereithält. Die Tatsache, daß wir wiedergeboren sind, mit dem Heiligen Geist erfüllt und daß Christus in uns wohnt, bedeute, daß wir vollkommen seien und jeder Zeit, so wie es uns beliebt, das Erbe in

Anspruch nehmen könnten. Dies ist Irrlehre, anders kann man es nicht nennen, eine Lehre, die für das Volk Gottes sehr gefährlich und schädlich ist, weil dadurch viele Illusionen aufgebaut werden und viele Christen am Ende tief entmutigt und bedrückt dastehen, wenn sie nach einer Weile entdecken, daß die Wirklichkeit völlig anders aussieht.

Diese Lehre veranlaßt Menschen dazu, wie der verlorene Sohn zu handeln. Er war der Erbe eines reichen Vaters, und wenn er gewartet hätte, hätte er sehr glücklich sein können. Er bestand jedoch darauf, daß ihm sein Erbe in Bargeld ausgezahlt wurde. Er wußte nicht, daß er noch viel zu unreif war, um mit so viel Geld umgehen zu können. Was geschah? Er zerstörte sich selbst und endete in tiefer Not und Ungnade. Nun, Dank sei Gott für den liebenden Vater, der dem Sohn vergab und ihn wiederherstellte, als er endlich beschloß, in sein Vaterhaus zurückzukehren.

Freunde, es ist nicht Gottes Plan, daß wir in dieser kurzen Zeitspanne hier auf der Erde mit allem überschüttet werden, was Gott für uns bereit hält. Gottes Güte und Seine Reichtümer sind so groß, daß wir die Ewigkeit brauchen, um alles das zu empfangen, was Gott in Seiner Liebe für uns vorbereitet hat. Wenn wir an unser Leben als Seine Kinder denken, dürfen wir dabei niemals nur ein paar wenige Jahre hier auf der Erde vor Augen haben, selbst wenn es sich dabei um unser ganzes Leben handelt. Wir müssen unser Leben als Kinder Gottes im Licht der Ewigkeit sehen. Und darum müssen wir lernen, auf den Herrn zu warten, so wie es in dem kleinen Lied heißt: „Gott tut alles, was Er will, zu Seiner Zeit."

Nur die, die auf den Herrn warten, bekommen neue Kraft und fliegen auf wie Adler. Alle anderen, die dieses Geheimnis nicht kennen, werden müde und matt werden, selbst wenn sie jung und kräftig sind.

Kapitel 12

EINE BEWEGUNG DER GNADE

Die ganze Zeit über, während ich dieses Buch geschrieben habe, wußte ich genau, wie ich die Geschichte beenden würde. Alles, was ich in dieser höchst dramatischen Zeit meines Lebens von Gott erfahren habe, kann in einem Wort zusammengefaßt werden: GNADE!

Ganz gleich, wenn welcher Seite aus ich es betrachte, ich komme immer zu derselben Schlußfolgerung: Gott hat sich als der Gott der Gnade gezeigt! Das Wort „Gnade" bedeutet „die unverdiente Gunst Gottes". Das ist die größte Wahrheit der Bibel, daß Gott uns Menschen, uns Sündern, Seine in höchstem Maße unverdiente Gunst geschenkt hat.

Ich hatte schon immer ein tiefes Verlangen im Herzen, die Wege Gottes kennenzulernen, die Art und Weise, wie Gott an Seinem Volk handelt. Vor langer Zeit schon gewann für mich der bekannte Vers Bedeutung, daß Gott Mose Seine Wege hat wissen lassen; die Kinder Israel hingegen konnten nur die Werke Gottes sehen. Gerade heute, wo so viele Kinder Gottes ihre Aufmerksamkeit auf Zeichen, Wunder und andere große Taten richten, müssen wir betonen, wie wichtig die Erkenntnis der Wege Gottes ist. Wir müssen verstehen, warum Gott das tut, was Er tut. Mit anderen Worten, wir müssen dahin kommen, daß wir Gottes Wege verstehen. Aber das ist nicht leicht, weil die Bibel deutlich sagt: „Seine Wege sind unausforschlich"! Erbitten wir dann nicht etwas Unmögliches? Nun, ich denke, Gottes Wege sind unausforschlich, wenn wir nur mit unserem menschlichen Verstand daran gehen, sie zu erforschen. An anderer Stelle spricht Paulus davon, daß wir den Geist Gottes haben und Gottes Gedanken verstehen können. Darum glaube ich, daß ich dahin kommen kann, Gottes Wege zu erkennen, solange ich versuche, sie im Heiligen Geist zu verstehen.

Gottes Wege sind natürlich sehr anders als unsere Wege. Sie gehören sozusagen in einen anderen Bereich. Wir sind irdisch. Er ist himmlisch. Darum spricht die Bibel davon, daß die Wege Gottes so viel höher sind als unsere Wege, wie der Himmel höher ist als die Erde. Wenn wir etwas über Gottes Wege erfahren wollen, müssen wir uns auf große Überraschungen gefaßt machen.

Eine sehr außergewöhnliche Aussage findet sich in Römer 5,20, einem Vers, in dem es um die Gnade geht: „Das Gesetz aber kam daneben hinzu, damit die Übertretung überströmend werde. Wo aber die Sünde überströmend geworden, ist die Gnade noch überschwenglicher geworden."

Zunächst einmal heißt es hier, daß Gott der Menschheit Sein Gesetz auferlegte und dadurch das Problem der Sünde noch verstärkte. Das bedeutet, daß dann, wenn man versucht, nach dem Gesetz zu leben, dies nur zur Sünde führt. Aus diesem Grund ist Gesetzlichkeit – Aktivität außerhalb des Geistes Gottes – in der Gemeinde Jesu eine so tödliche Sache und macht die Menschen nur elend und unglücklich. Es wird uns nie gelingen, aus eigener Kraft unser Leben zu verbessern. Das Gesetz bewirkt nur eine Verstärkung der Sünde. Gott geht das Problem der Sünde auf andere Weise an, und diese hat Erfolg: „Wo aber die Sünde überströmend geworden, ist die Gnade noch überschwenglicher geworden"!

Mit anderen Worten, Gott versuchte nicht, das Problem der Sünde in der Welt dadurch zu beseitigen, daß Er das Problem direkt anging. Wir wären ziemlich sicher so vorgegangen. Jedesmal, wenn wir entdecken, daß etwas nicht in Ordnung ist, fangen wir sofort an, es zu verbessern, es zu korrigieren oder zu reparieren. Wir Menschen, und das gilt auch für viele Gläubige, beschäftigen uns so sehr mit den Problemen, daß wir die Lösung dafür nicht entdecken. Ich habe festgestellt, daß Tausende von Christen, einschließlich Pastoren und ganzen Gemeinden, so sehr mit den Problemen von einzelnen Menschen, von Gemeinden und sogar der Gesellschaft beschäftigt sind, daß sie den wichtigsten Punkt übersehen und letztlich keinen Schritt vorwärtskommen.

Anstatt die negative Macht der Sünde direkt zu bekämpfen, hat Gott einen anderen Weg gewählt – Er hat beschlossen, etwas Positiveres und viel Mächtigeres in die Welt zu senden und uns zu geben. Wenn wir inmitten von schlechten Nachrichten die gute Nachricht empfangen, dann merken wir, daß das Maß und die Kraft der Gnade die Kraft der Sünde übertrifft. In gewisser Hinsicht kümmert sich Gott nicht viel um das Vorhandensein der Sünde in dieser Welt. Denn Er weiß, daß Er eine Kraft in die Welt gegeben hat, die viel mächtiger ist.

Licht in der Finsternis

Gottes Antwort auf die Sünde sah so aus: „Als aber die Zeit erfüllt war, sandte Gott seinen Sohn, geboren von einer Frau und unter das Gesetz gestellt" (Gal. 4,4 – Luther). „Als die Zeit erfüllt war" bedeutet nicht, daß nach menschlichem Verständnis der beste Zeitpunkt in der Menschheitsgeschichte gekommen war. Im Gegenteil, es war die dunkelste Stunde der Geschichte, wo alles hoffnungslos war und die Welt von dem heidnischen römischen Reich beherrscht wurde. In diese Situation hinein sandte Gott Seine Antwort, ein Kind, das in einem Stall geboren wurde, den Herrn und Messias Jesus Christus, unseren Retter.

Da wir von Licht und Finsternis sprechen: Was denken Sie, wie man Dunkelheit am besten vertreiben kann? Ein Freund von mir unternahm einmal in einer Kirche, wo er über Licht und Finsternis predigte, ein Experiment. Er bat den Pastor und die Ältesten um Erlaubnis, das elektrische Licht in der Kirche auszuschalten, so daß die Gemeinde in vollkommener Dunkelheit saß. Nun forderte er den Pastor und die Ältesten auf, alle Türen und Fenster in der Kirche zu öffnen, sich in einer Reihe aufzustellen und die Dunkelheit aus dem Raum hinauszudrängen. Natürlich lachten alle über diesen Vorschlag, weil sie wußten, daß es so nicht geht. Als der Evangelist fragte, wie man das Problem lösen und die Dunkelheit aus der Kirche hinausbekommen könne, waren alle der Meinung, daß es nur einen Weg gäbe: das Licht anzumachen! Ein afrikanisches Sprichwort drückt diese Wahrheit folgendermaßen aus: „Es ist besser, ein Licht anzuzünden, als die Dunkelheit zu verfluchen!" Das ist Gottes Weg. Er sandte das Licht mitten in die Dunkelheit hinein, und der Apostel Johannes sagt: „Von der Finsternis ist es nicht überwunden" (Joh. 1,5 – Albrecht).

Wie sollen wir nun das Problem unserer sündigen Natur angehen? Nicht, indem wir unseren Blick auf die Sünde richten, nicht, indem wir uns anstrengen, sie loszuwerden, sondern indem wir die Gnade empfangen, die uns von Gott her so überreich zur Verfügung steht. Unser Hauptproblem besteht nicht in erster Linie darin, wie wir etwas loswerden können, sondern wie wir etwas empfangen können. Und das, was wir empfangen, Gottes Gnade, wird die Werke der Sünde hinausdrängen. Hat Paulus uns nicht gesagt, daß wir nur dann siegreich über unsere sündige Natur sein können, wenn wir im Geist leben? Wir wollen auf die folgenden Worte hören: „Denn wenn ihr eurer selbstsüchtigen Art folgt, werdet ihr sterben müssen; wenn ihr aber durch den Geist das selbstsüchtige Handeln tötet, werdet ihr leben" (Röm. 8,13 – Luther).

Durch ein Leben im Geist wird unser sündiger Mensch getötet. Was wir brauchen, ist mehr von Gottes Geist, unser Leben muß mehr von Gottes Geist erfüllt sein. Dann werden wir der Kraft der Sünde in unserem Leben einen mächtigen Schlag versetzen. Mehr Gnade führt zu weniger Sünde. Ist das nicht eine gute Nachricht? Wenden Sie sich von sich selbst ab. Hören Sie auf, sich so viel um Ihre Probleme zu kümmern und empfangen Sie Gottes mächtige Gnade!

Das Prinzip der Gnade läßt sich sogar auf die Situation der Welt anwenden. Einmal, als der Herr über das Ende des Zeiten sprach, erzählte Er das Gleichnis von einem Mann, der Weizen auf sein Feld säte. Später entdeckten seine Diener, daß auf dem Feld nicht nur Weizen, sondern auch viel Unkraut wuchs. Natürlich fragten sie ihren Herrn, ob sie auf den Acker gehen und das Unkraut ausjäten sollten. Aber der Meister sagte nein. Er hatte Angst, daß das Ausjäten des Unkrauts seinem Weizen Schaden könne, und er befahl ihnen zu warten, bis die Zeit der Ernte da sei. Jesus gebrauchte dieses Beispiel, um darzustellen, wie Gott handelt. Wie bereits erwähnt, scheint es Gott nicht eilig zu haben, das Böse und die Sünde aus der Welt zu entfernen. Er hat einen bestimmten Tag festgelegt, am Ende der Geschichte, wo Er sich um das Unkraut kümmern und es verbrennen wird. Aber bis zu dem Tag, an dem der Herr kommt, wird das Problem der Sünde, so fürchte ich, nur noch schlimmer werden. Sollen wir unsere Kraft dafür einsetzen, daß wir versuchen, die Sünde zu verhindern? Oder wäre es nicht besser, unsere Zeit und unsere Kraft dafür einzusetzen, daß wir die gute Nachricht von Gottes grenzenloser Gnade in der Welt verbreiten?

Gottes Weg, die Sünde zu überwinden, ist fraglos revolutionär. Paulus sprach davon, als er beschrieb, wie wir mit unseren Feinden umgehen sollen:

> „Wenn nun deinen Feind hungert, so speise ihn; wenn ihn dürstet, so gib ihm zu trinken; denn wenn du das tust, wirst du feurige Kohlen auf sein Haupt sammeln. Laß dich nicht vom Bösen überwinden, sondern überwinde das Böse mit dem Guten" (Röm. 12,20-21).

Ich will damit auf keinen Fall sagen, daß wir nicht gegen das Böse kämpfen sollen, wenn es um dämonische Mächte und Gewalten geht. Ich tue dies einen großen Teil der Zeit, wenn ich mich im Gebet und im geistlichen Kampf befinde. Jene Verse sagen uns, daß wir Menschen nicht nach dem Prinzip des Gesetzes bekämpfen sollen, sondern auf Gottes Weise, durch Gnade. Wir sollen sie besiegen, indem wir ihnen die Liebe Jesu zeigen. Auch hier ist die positive Macht der Liebe Gottes viel größer als alles Böse dieser Welt.

Aus dem Lesen des 1. Korintherbriefes ist mir auch deutlich geworden, daß Einheit im Leib Christi in größerem Maße vorhanden ist, wenn Gottes Kinder aufhören, die Fehler der anderen zu korrigieren und anfangen, Gottes Geist in größerer Fülle in Empfang zu nehmen. Wenn wir im Heiligen Geist leben, dann können wir das, was uns im Leib Jesu voneinander trennt, überwinden. Trennung ist fast immer die Folge davon, daß unsere sündige Natur aktiv ist.

Und was ist mit Evangelisation? Wir leben in einer Zeit, wo Evangelisation zu einer der wichtigsten Aktivitäten der Gemeinde Jesu geworden ist, und das ist gut so. Doch in unserem Eifer, die Welt für Christus zu gewinnen, folgen wir manchmal den Prinzipien der modernen Wirtschaft und nicht Gottes Wegen. Ich hatte das Vorrecht, an einigen der großen Konferenzen über Weltevangelisation teilnehmen zu dürfen. Auch wenn ich jede Bemühung begrüße, die unternommen wird, um das Evangelium auf der ganzen Erde zu verbreiten, muß ich zugeben, daß ich zu einigen der Methoden, die von Evangelisationswerken angewandt werden, kein Vertrauen habe. Der Gebrauch moderner Technologie – Radio, Fernsehen und Computer – überzeugt mich nicht. Ich habe nichts gegen den Einsatz dieser und anderer moderner Mittel, aber ich kann einfach mein Vertrauen nicht auf sie setzen. Als Jesus Seinen Jüngern den Missionsbefehl gab, sagte Er nicht: „Und wenn die Computer über euch kommen werden, dann werdet ihr meine Zeugen sein bis an die Enden der Erde." Er sagte: „Wenn der Heilige Geist auf euch kommen wird", und daran glaube ich. Unser Vertrauen darf sich auf nichts gründen, was wir selbst vollbringen können, sondern es muß sich auf die Fähigkeit und die Kraft des Heiligen Geistes Gottes gründen. Die Menschen in der Welt müssen Gnade finden, sie haben kein Verlangen danach, mit Tonnen von Papier und Programmen konfrontiert zu werden. Paulus wies darauf hin, daß es die „Güte Gottes" ist, die die Menschen zur Umkehr leitet (Röm. 2,4).

Wie bringen wir Menschen das Evangelium Gottes? Gehen wir dabei in Gottes Weise vor? Wie hat Jesus, der Herr, Menschen dahin geführt, daß sie an Ihn glaubten? Die Geschichte der Frau, die Er am Brunnen traf, ist sehr aufschlußreich (Joh. 4,4-30). Der Herr fing nicht damit an, daß Er sie auf die vielen Sünden hinwies, für die sie Gottes Strafe und die ewige Verdammnis zu erwarten hatte. Er begegnete ihr mit Gnade, Er bot ihr Gottes Gabe des lebendigen Wassers an, von der sie nie wieder Durst bekommen würde. Nach diesem Wasser hatte sie großes Verlangen. Dann sagte ihr der Herr, daß sie, um dieses Wasser zu empfangen, bestimmte Dinge in Ordnung bringen und von bestimmten Dingen umkehren müsse. Inzwischen sehnte sie sich in ihrem Herz so sehr nach der Gabe des Herrn, daß sie bereit war, alles zu tun, um diese Gabe zu bekommen! So sieht Gottes Weg der Gnade aus. Freunde, wir müssen den Menschen nur in seltenen Fällen ihre Fehler aufzeigen – sie sind ihnen selber durchaus bewußt. Wir brauchen etwas anderes, wir müssen zu Kanälen jener Gnade werden, die viel mächtiger ist als die Sünde.

Sieg über die Not

Die Gnade siegt letztlich über unseren Feind. Durch sie kann Gott alles, was zum Bösen gedacht war, zum Guten verwandeln und es zu einem ewigen Segen für uns werden lassen. Durch meine Krise habe ich eine klarere Sichtweise von den Umständen des Lebens und sogar vom Wirken des Teufels bekommen. Gottes Gnade ist einzigartig und kann alle Dinge in unserem Leben dahin verwandeln, daß sie sich positiv auswirken und Frucht bringen.

War dies nicht auch die Erfahrung des großen Apostel Paulus, selbst als er gewaltigem Widerstand und Schwierigkeiten gegenüberstand und Menschen gegen ihn aufstanden? Zusätzlich hatte er noch einen seltsamen Dorn im Fleisch: einen Boten der Finsternis, dem Gott erlaubte hatte, ihn zu behindern. Er betete zwar um Befreiung, aber Gottes Antwort lautete nein. Oder man könnte auch sagen: Gottes Weg sah anders aus. Gott sagte, Er würde die Verfolgungen und Schwierigkeiten, die Paulus widerfuhren, nicht wegnehmen, aber Er würde ihm so viel Gnade geben, wie er sie brauchte. „Und er hat zu mir gesagt: Meine Gnade genügt dir, denn meine Kraft kommt in Schwachheit zur Vollendung" (2. Kor. 12,9). Gott veränderte nicht die Umstände, in denen Paulus lebte, sondern Er gebrauchte sie, um Seine siegreiche Gnade herrschen zu lassen. Jene Schwierigkeiten brachten Gott viel Ehre und waren dem Reich Gottes dienlich, weil Gottes Gnade dadurch in noch größerem Maße in Paulus' Leben ausgegossen wurde. Am Ende wird der Bote der Hölle, der Paulus quälte, sein Handeln bereut haben. Er wird erkannt haben, daß er als Werkzeug gedient hat, um jene Gnade in Paulus' Leben hervorzubringen, durch die Paulus Tausende von Menschen zum Herrn führte.

Wenn wir von „überwinden" sprechen, denken wir dabei oft daran, daß wir von Schwierigkeiten und Leiden befreit werden. Es ist fraglich, ob das irgendetwas mit der biblischen Vorstellung von Überwinden zu tun hat. Wenn dem so ist, ist es jedenfalls eine sehr niedrige und selbstsüchtige Ebene des Sieges.

Bei einem Aufenthalt in Israel im Dienst des Herrn wies mein guter Freund Steve Lightle einmal darauf hin, daß es zwei verschiedene Ebenen des Überwindens gibt. Dies könne man auch an den zwei Geschichten deutlich machen, die uns von Jesus und dem Sturm auf dem See Genezaret berichtet sind. Einmal, als Jesus mit Seinen Jünger im Boot fuhr, kam ein schrecklicher Sturm auf, und auf das Flehen Seiner ängstlichen Jünger hin stand der Herr auf und brachte den Sturm durch Seine göttliche Vollmacht vollkommen zum Schweigen. Doch beim nächsten Mal sind die Jünger allein im Boot und bekämpfen den Sturm. Plötzlich sehen sie, wie der Herr auf dem See geht. Ihm ist es nicht wichtig, den Sturm zu stillen, sondern Er zeigt, daß wir in unserem Leben mit Gott an einen Punkt kommen können, wo wir über die Stürme und Schwierigkeiten des Leben triumphieren können, ohne daß wir aus ihnen herausgenommen werden, sondern vielmehr mitten darin bleiben.

Paulus schrieb die erstaunlichen Worte: „Aber in diesem allen (nicht außerhalb) sind wir mehr als Überwinder durch den, der uns geliebt hat" (Röm. 8,37). Er sprach nicht von einem Picknick mit der Sonntagsschule, sondern von „Drangsal, Angst, Verfolgung, Hungersnot, Blöße, Gefahr und Schwert". In diesem allen, so sagte er, werden wir überwinden, nicht durch unsere eigene Herrlichkeit und Stärke, sondern durch die Gnade unseren Herrn Jesus!

Obwohl ich ein so dramatisches Wunder der Heilung in meinem Leben erfahren habe, habe ich immer noch Probleme, und der Feind greift mich nach wie vor an. Meine Lebensumstände sind ähnlich wie vorher, aber ich bin nicht mehr derselbe.

Durch Gottes Gnade kann ich besser mit den Umständen fertigwerden und alles, womit ich konfrontiert werde, überwinden.

Auch wenn ich durch ein Wunder an Geist, Seele und Leib geheilt worden bin, ist mein Herz nach wie vor schwach. Ab und zu verliert es seinen gesunden, normalen Rhythmus, und ich muß nach wie vor Medikamente nehmen, um weitere Herzattacken zu vermeiden. Diese Situation ist an sich kein Problem und hat sogar Vorteile.

Erstens ist es ein kleines, aber wirksames Warnsignal, das mich daran erinnert, mich nicht noch einmal zu übernehmen und mir selbst Zeiten der Ruhe zuzugestehen. Zu meinem Leben gehören viele Reisen, und ich brauche diese Warnung.

Doch der Hauptnutzen dieser kleinen Beeinträchtigung ist, daß ich ständig an Gottes große Güte und Gnade in der Zeit meines Leidens erinnert werde. Ich muß dabei an Gottes Knecht Jakob denken, der nach seinem Kampf mit dem Engel des Herrn hinkte – eine Erinnerung an einen Kampf und Sieg, die ihn von Jakob, dem Wurm, zu Israel, dem Fürsten Gottes machten. Als die letzten Stunden seines Lebens gekommen waren und Jakob seine letzten Segensworte über seine zwölf Söhne sprach, heißt es in der Schrift: „Als er starb, ..., neigte (er) sich anbetend über seinen Stab" (Hebr. 11,21 – Luther). Ganz am Ende seines Lebens konnte Jakob Gott anbeten und Ihm für jenes schmerzhafte, dramatische Ereignis danken, durch das seine Hüfte Schaden litt und er für den Rest seines Lebens mit einer Behinderung leben mußte. Aber durch dieses Ereignis hatte er auch ungeheueren Segen von Gott in seinem Leben und in dem Leben seiner Familie erfahren, und er war zu einem der größten Knechte des lebendigen Gottes geworden.

So lange ich lebe, bis zu dem Tag, wo ich vor Gott stehe, wird es meines Herzens Freude sein, Gott anzubeten und Seinem Sohn, dem Herrn Jesus, Ehre zu geben, weil Er in einer solchen Fülle Ströme der Gnade auf mein Leben ausgegossen hat, daß mein hoffnungsloses Leben völlig verändert wurde und ich ein neues Leben voller Zukunft und Hoffnung empfing.

Weitere Titel aus dem Verlag Gottfried Bernard:

175800	R.S. Greenway, Eine Stadt für Gott	DM 10,80
175805	T. Ruthven, Ihr werdet den Himmel offen sehen	DM 12,80
175806	H. Riefle, Nein – ich bin zu dumm	DM 5,00
175811	T. Ruthven, Edelsteine – Tägliche Stille Zeit NT	DM 24,00
175812	T. Ruthven, Edelsteine – Tägliche Stille Zeit AT	DM 24,00
175815	M. Sheldon, Gesundheit, Heilung u. Medizin	DM 7,80
175819	L. Sandford, Der verwundete Christ – Heilwerden	DM 13,80
175826	P. Hübner, Prolegomena zu einer christlichen Psychologie	DM 19,80
175827	Lambert/Minor/Joyner, Das Zukünftige wird er ...	DM 3,80
175828	F. Frangipane, Geistlicher Kampf auf drei Ebenen	DM 15,80
175829	F. Frangipane, Heiligkeit, Wahrheit und die Gegenwart Gottes	DM 14,80
175832	P. u. D. Gleiß, Macht sie zu Jüngern	DM 18,00
175833	H. Baar, Gott macht das Krumme gerade	DM 7,80
175834	W. May/W. Sauter, Ruhen im Geist	DM 10,80
175839	H. Stricker, Beichte – Der Weg z. Lebensbereinigung	DM 3,80
175840	H. Stricker, Sekte – Kirche zwischen Wahrheit und ...	DM 3,80
175841	H. Stricker, Theologie – Aus welcher Quelle	DM 5,80
175842	H. Stricker, Wiederkunft Jesu – Wider die falschen	DM 5,80
175843	H. Stricker, Okkultismus – Seelsorge im Engpass?	DM 6,80
175844	H. Stricker, Ökumene – Einheit um jeden Preis?	DM 4,80
175845	H. Stricker, Sterben – Wohin geht die Reise	DM 6,80
175820	B. Thompson, Wiederherstellung der Persönlichkeit	DM 24,80
175830	J. Sandford, Umgestaltung des inneren Menschen	DM 29,80
175835	D. Prince, Segen oder Fluch	DM 20,80
175849	C.P. Wagner, Territoriale Mächte	DM 24,80
175846	C. Urquhart, Mein liebes Kind	DM 25,80
175831	J. Sandford, Heilung des verwundeten Geistes	DM 29,80
175822	J. Sandford, Warum begehen Christen Treue(Ehe)Bruch	DM 21,80
175821	J. Sandford, Elias Auftrag	DM 22,80